Konrad Baumgartner (Hrsg.),
Das Seelsorgegespräch in der Gemeinde

Pastorale Handreichungen
Herausgegeben von Alfons Fischer

Konrad Baumgartner (Hrsg.)

Das Seelsorgegespräch in der Gemeinde

Seelsorge Verlag Echter

Herrn Bischof Dr. Alois Brems
und dem Presbyterium des
Bistums Eichstätt
in dankbarer Erinnerung

CIP-Kurztitelaufnahme der Deutschen Bibliothek

Das Seelsorgegespräch in der Gemeinde / Konrad Baumgartner (Hrsg.). –
Würzburg : Seelsorge-Verlag Echter, 1982.
(Pastorale Handreichungen)
ISBN 3-429-00759-3

NE: Baumgartner, Konrad [Hrsg.]

Gesamtherstellung: Echter Würzburg,
Fränkische Gesellschaftsdruckerei und Verlag GmbH.

ISBN 3-429-00759-3

INHALT

EINFÜHRUNG

Jeder von uns Seelsorgern hat schon die Erfahrung gemacht, daß er Medium der helfenden und heilenden Güte Gottes sein durfte: in der Spendung der Sakramente und in der Feier der Eucharistie, besonders aber in Seelsorgegesprächen, die für den Ratsuchenden, den Schwerkranken oder den zum Selbstmord Entschlossenen eine entscheidende Wende zu neuer Hoffnung, zu neuem Lebensmut, vor allem aber zu neuer Glaubenskraft vermittelt haben. Wir wissen dann selbst nicht, wie uns geschehen ist, warum und wodurch gerade wir Medium der Güte und Menschenfreundlichkeit Gottes werden durften. Oft mögen wir dann hinterher, nach einer solchen Gnadenstunde im Beichtstuhl, am Krankenbett oder beim Hausbesuch ein aus tiefstem Herzen kommendes »Te Deum« gebetet haben.

Aber es gibt auch die gegenteilige Erfahrung: Trotz unserer besten Bemühungen bleibt der andere dem Seelsorger gegenüber verschlossen, man versteht sich gegenseitig nicht, die angebotene Hand wird nicht angenommen, enttäuscht geht der Rat- und Hilfesuchende von uns weg, wendet sich vielleicht auf lange Zeit oder für immer von Gott und der Kirche ab, sein Weg verläuft im Dunkel. Wir erfahren zumeist nicht, wie das Leben des anderen weitergegangen ist. Aber seine Mitmenschen bekommen es zu hören: dieser Priester ist mir keine Hilfe gewesen. Oder in den Tagebuchaufzeichnungen eines Mädchens, das Selbstmord beging, stehen die mehrmaligen Eintragungen: »bei Pfarrer N. gewesen, keine Hilfe.«

Das vorliegende Buch ist aus der Reflexion dieser Seelsorgepraxis entstanden: Die Priester des Bistums Eichstätt haben sich im Herbst des Jahres 1979 in vier zweitägigen Pastoralkonferenzen mit theologischen, psychologischen und pastoralen Fragen des Seelsorgegesprächs beschäftigt, ihre eigenen Erfahrungen benannt und neue Orientierung gesucht. Wenn sie sich in diesen zwei Tagen das Thema »Seelsorgegespräch« vorgenommen haben, so nicht in der aussichtslosen Meinung, dadurch perfekte Gesprächsseelsorge »lernen« zu können. Zum einen stehen »Erfolg« oder »Mißerfolg« eines seelsorgerlichen Gesprächs nicht in unserer Macht. Gottes Gnade ist nicht verfügbar und nicht durch Techniken der Gesprächsführung einzufangen. Aber wenn der alte scholastische Satz gilt, daß die Gnade die Natur voraussetzt, dann können wir die Bedingungen des Heilsgeschehens näher bedenken, vor allem auch unser eigenes Verhalten korrigieren und verbessern. Denn Gottes Gnade ist sicher besser der Weg bereitet durch fundierte Formen der Gesprächsseelsorge als durch fahrlässige und dilettantische. Das Bruchstückhafte des Unternehmens wurde uns freilich auch sofort deutlich, als wir hörten: »In Amerika gelten drei Monate für Theologiestudenten und mindestens ein Jahr für zukünftige Krankenhaus-

seelsorger als Mindestmaß (der Ausbildung für pastorale Gesprächsführung), und die Erfahrung lehrt, daß auch für Pfarrer, die aus der Praxis heraus eine Weiterbildung wünschen« – und in dieser Situation stehen wir –, »eine Woche unzureichend ist«[1]. Was also sollten und konnten diese Tage leisten?
Drei Schwerpunkte sah ich als Leiter für sinnvoll an. Sie stellen auch die inhaltlichen Akzente dieses Buches dar. Der *erste* ist: *Information* über Theologie und Methoden des Seelsorgegesprächs und einige seiner Verwirklichungsbereiche (Hausbesuch, Krankenbesuch, Beichtgespräch, Glaubensgespräch). Diesem Ziel sollten Grundsatz- und Kurzreferate dienen. Gegenüber der Tagung sind in das vorliegende Buch Beiträge von anderen Fachleuten des seelsorgerlichen Gesprächs mitaufgenommen: von *Martin Benker, Josef Mayer-Scheu, Karl Beichert* und *Josef Tasch*. Ihnen möchte ich für ihre Mitarbeit ebenso herzlich danken wie *Pius Schmidt*, der bei den Tagungen selbst sich als Referent und Mitarbeiter zur Verfügung gestellt hat.

Als *zweites* Moment betonte ich den *Erfahrungsaustausch* unter allen Teilnehmern. Schließlich fangen wir Seelsorger mit Seelsorgegesprächen nicht erst an. Jeder von uns konnte hier Wesentliches und für alle Hilfreiches einbringen. Diesem Ziel dienten die Arbeitskreise und die Aussprache darüber im Plenum. Es ging also um ein gemeinsames Voneinander- und Miteinander-Lernen. Davon geben die im Buch vorgestellten Berichte über »Erfahrungen von Seelsorgern« beim Hausbesuch, beim Gespräch mit Kranken, im Beichtgespräch und im Glaubensgespräch mit jungen Erwachsenen konkret Zeugnis. Herr Generalvikar *Joseph Pfeiffer*, der in den Konferenzen die Gesprächsleitung hatte, stellte freundlicherweise die Protokolle zu den Berichten zusammen. Damit auch die »Erfahrungen von Laien in Gesprächen mit Seelsorgern« in den Blick und als Anregung, Bestätigung oder Korrektiv zur Sprache kamen, bat ich einige mir bekannte Mitchristen, darüber mit mir ein Gespräch zu führen, das wir mit dem Videogerät festgehalten und allen Teilnehmern im Film vorgeführt haben. Für ihre Bereitschaft dazu und die wertvollen inhaltlichen Aussagen danke ich Frau *Margret Huda,* Frau *Inge Sumser,* Herrn *Franz-Joseph Arendts* und mehreren jungen Erwachsenen des *Dekanates Berching* sehr herzlich. Die Texte sind teilweise wörtlich im folgenden ersten Kapitel wiedergegeben.
Als *drittes* Element hielt ich praktische Übungen für unverzichtbar. Ein Grundaxiom der Ausbildung für Gesprächsseelsorge lautet: »Ein Erwerben des richtigen Habitus ist nötiger als das Lesen von Büchern oder das Hören von Vorträgen ... die Schulung in der Praxis mit kritischer Begleitung der Gesprächsanalyse ist nötig ... eine Aneignung des seelsorgerlichen Habitus ist wesentlich mehr als eine Frage intellektueller Aneignung ... die

[1] *H. Faber – E. van der Schoot,* Praktikum des seelsorgerlichen Gesprächs. Göttingen [5]1974, 81.

technischen Aspekte (müssen) ein integrierender Bestandteil des Habitus werden«[2]. Dieses Element »praktische Übungen« haben wir im Rollenspiel eingebracht, d. h. in gespielten seelsorgerlichen Situationen, die dann gemeinsam in der Gruppe analysiert wurden. Das Rollenspiel vertieft die Selbsterfahrung und die Beratungsfähigkeit des Seelsorgers. Das Echo der Konferenzteilnehmer hat bewiesen, daß im Rollenspiel zum Seelsorgegespräch »selbst Teilnehmer mit großer Erfahrung entdecken, daß bestimmte Dimensionen ihrer Personalität bei ihrer Seelsorgetätigkeit ungenutzt bleiben, andere falsch eingesetzt werden«[3]. Solche Rollenspiele wollten also nicht bloß eine Hilfe sein, die Art der Gesprächsführung zu verbessern. Sie hinterfragen auch die eigene, vielleicht recht selbstbewußt gewordene Haltung. Schwierigkeiten und Ängste des Seelsorgers treten deutlicher hervor und zugleich wird ihm die äußere und innere Situation der Pastoranden deutlicher und bewußter. In den Berichten aus den Arbeitsgruppen werden auch die Vorgaben des Rollenspiels und die damit gemachten Erfahrungen und erkannten Probleme notiert. Hier ist allen Teilnehmern der Pastoralkonferenzen des Bistums Eichstätt zu danken, die so aktiv mitgewirkt haben, ganz besonders auch dem Herrn Bischof *Dr. Alois Brems*. Er hat als »Sympresbyteros«, als »Mit-Ältester« und geistlicher Vater, jeden der Kurse mitgemacht und durch sein brüderliches Wort und Beispiel das Presbyterium zum »Dienst am Glauben« ermutigt und darin bestärkt.
Der »Praxisbezug« des vorliegenden Buches hängt mit den eben beschriebenen Entstehungsbedingungen zusammen. Er wurde aber auch ausdrücklich vom Herausgeber der Reihe »Pastorale Handreichungen«, Herrn *Dr. Alfons Fischer*, gewünscht: alle Beiträge sollten in erster Linie »nicht *über* das Gespräch – seine Theorie, seine Theologie, seine grundsätzliche Integration in die Pastoral – reflektieren, sondern im Sinne einer Handreichung *Wege zur Praxis* erschließen und damit das praktizierte seelsorgerliche Gespräch besser qualifizieren«. Viele bedenkenswerte Probleme wie die Differenzierung der Formen des Seelsorgegesprächs, ihre Zuordnung zu den Grunddiensten der Kirche in Wort, Sakrament und sozialem Dienst oder auch die im katholischen Bereich immer noch ausstehende umfassende »Theologie des Seelsorgegesprächs« müssen und können deshalb hier nicht ausführlich thematisiert werden.
In diesem Sinne wünsche ich dem Leser einen echten geistlichen Gewinn für die jedem Seelsorger, gleich ob Priester oder Laie, gestellte Aufgabe, Glaubensbegleiter der Menschen zu sein!

Regensburg, Ostern 1981 — Konrad Baumgartner

[2] *Faber – van der Schoot,* a. a. O. 80 bzw. 117.
[3] *H. J. Clinebell,* Modelle beratender Seelsorge. München 1971, 24.

Konrad Baumgartner

ERFAHRUNGEN MIT DEM SEELSORGEGESPRÄCH

1. Erfahrungen von Laien in Gesprächen mit Seelsorgern

Tag für Tag führen wir Gespräche mit Menschen unserer Gemeinden: bei Hausbesuchen, am Krankenbett, mit Ratsuchenden und Notleidenden, in der Pfarrgemeinderatssitzung, in Beichtgesprächen und in Jugendleiterrunden. Was bedeuten diesen Menschen, die zu uns kommen, mit denen wir sprechen, solche Gespräche? Wie empfinden sie uns Seelsorger? Geben wir ihnen Hilfen für ihr Leben und ihren Glauben? Fragen, die sehr wichtig sind für unser Wirken. Ich habe einige mir bekannte Menschen gebeten, ihre Erfahrungen in Seelsorgegesprächen mit Priestern zu bedenken und uns mitzuteilen.

Hausfrau (Frau H.)

B: Frau H., Sie haben schon viele solcher Gesprächssituationen erlebt. Sie haben gesagt, Sie würden uns darüber berichten.

H: Zunächst möchte ich sagen, daß sich jeder freut, wenn ein Geistlicher in der Gemeinde einen Hausbesuch bei ihm macht. In den großen Städten sind Vertreter des Pfarrers, die für geistliche Gespräche ausgebildet wurden, bei Hausbesuchen ebenso gern gesehen, auch bei denen, die nicht in die Kirche gehen.

B: Also auch Laien?

H: Auch Laien können diese Besuche machen. Erfreulicher ist es allerdings, wenn sie ein Pfarrer macht. Nur ist es eine Frage, wen er, bei dem Priestermangel und der Zeitknappheit, besucht. Mir scheint, er kann auswählen: nach Bürgermeister, Arzt und Lehrer, den drei Spitzen des Dorfes oder der kleinen Stadt, und dann zu anderen gehen. Er kann aber auch, wie das einmal ein Kaplan gemacht hat, und das kam sehr gut in der Pfarrei an, die zwei ärmsten, kinderreichen Familien zunächst besuchen und anschließend den Antrittsbesuch beim Bürgermeister machen.

B: Das heißt, der Seelsorger soll nicht immer bestimmte Personen oder Gruppen besuchen, und vielleicht andere ganz vernachlässigen.

H: Es ist vor allem eine Frage der inneren Einstellung, ob der Seelsorger die Leute nach arm und reicht einstuft und seine Maßstäbe vom Sozialprestige ableitet. Es entstehen oft Unbehagen und Unmut, wenn manche erleben, daß sie als letzte in der Reihe der Einstufung beim Seelsorger rangieren.

B: Was ist nach Ihrer Meinung für den Seelsorger zu bedenken, wenn er Hausbesuche macht?

H: Ganz wichtig ist es, daß er die Menschen, zu denen er kommt, ernst nimmt, daß er jeden begrüßt und dabei ansieht und nicht die Gedanken ganz woanders hat. Wichtig ist, daß er sich auf die Menschen einläßt, die ihm begegnen, daß er sie fragt nach Arbeit, Kindern, Krankheiten, Familienverhältnissen, Themen, worüber jeder leicht sprechen kann. Wenn der Besucher merkt, der Seelsorger geht verstehend darauf ein, er hört zu, er denkt mit, dann fühlt er sich akzeptiert und faßt Vertrauen.

B: Das ist also nach Ihrer Meinung das Wichtigste, daß der Besuchte Vertrauen fassen kann, daß er sich angenommen fühlt. Nun möchte natürlich auch der Seelsorger seine Anliegen zur Sprache bringen, er kommt ja als Vertreter der Kirche, als »Fachmann des Glaubens«, also mit einem bestimmten Auftrag zu den Menschen. Welche Möglichkeiten sehen Sie dafür? Kann man solche Anliegen von seiten des Priesters einbringen in den Hausbesuch? Denn viele Priester klagen: Wir kommen mit den Menschen nur über Oberflächliches ins Reden, über das Wetter, über die Politik und dergleichen. Zum Thema Glauben und religiöses Leben dringen unsere Gespräche oft nicht vor. Meinen Sie, daß der Seelsorger bei einem Hausbesuch von sich aus auf solche Fragen zu sprechen kommen soll und kann?

H: Ja, ich glaube, daß er das sehr gut kann. Denn irgendwo kommt in jedem Gespräch ein Punkt, wo man spürt, da drückt der Schuh. Und wenn er das geschickt aufspürt und nicht sofort beurteilt oder oberflächlich darüber hinweggeht (»Das war schon immer so. Beruhigen Sie sich nur, ich kenne das aus eigener Erfahrung«), wenn er das Gesagte annimmt und darauf eingeht, dann offenbaren die Leute Sensibleres von ihrem Leben und Empfinden.

B: Negativ würde es sich also auswirken, wenn der Seelsorger mit Vorurteilen oder Klischeevorstellungen zum Besuchten kommt.

H: Und noch negativer wäre, wenn er seine eigene Unsicherheit und Ängstlichkeit hinter Witzen verbergen würde. Das merkt jeder sofort. Wenn der Seelsorger aber, wie schon gesagt, auf die wunden Punkte eingeht, dann kann er vielleicht nicht immer »fromme Sprüche« anbringen, aber die Leute spüren, daß sie in ihrer Einsamkeit oder Verlorenheit oder in ihrer Sorge bei ihm ein offenes Ohr finden. Und dann kann er vielleicht aus der Sicht der Frohen Botschaft oder seines Verständnisses von Nachfolge Christi auf die erfahrene Not eingehen, zum Beispiel wenn der eine Ehepartner an der Treue des anderen zweifelt, oder wenn Krach in der Familie herrscht zwischen Kindern und Eltern. Dann nimmt man ihm auch ab, wenn er sagt: »Wollen wir zusammen darüber nachdenken? Wir können auch dafür beten. Vielleicht dürfen wir nicht so schnell urteilen. ›Wer ohne Fehler ist, werfe den ersten Stein‹«.

B: Es ist also notwendig, ein gutes Klima des Vertrauens aufzubauen bei einem Hausbesuch, so daß die Menschen wirklich zum »Mitmenschen Priester« und zum Priester Vertrauen gewinnen können.

H: Ich glaube, daß der Seelsorger bei dem Einfluß der Massenmedien und der Sensibilität der meisten Menschen auch an seiner Menschlichkeit gemessen wird. Wer sich an das Wort des heiligen Paulus hält, »da gilt nicht mehr Jude oder Grieche, Mann oder Frau, Sklave oder Freier, denn ihr alle seid einer in Christus«, der möchte dies gerade beim Seelsorger glaubwürdig erleben.

B: Glaubwürdigkeit und Echtheit erfahren, Vertrauenkönnen, das wären also wesentliche Momente des Hausbesuches. Könnten Sie sich auch vorstellen, daß der Seelsorger beim Hausbesuch auf Themen des Gemeindelebens, wie Religionsunterricht, Predigt, Gottesdienstgestaltung oder den sozial-karitativen Bereich von sich aus zu sprechen kommt?

H: Das kann er sehr gut. Am einfachsten ist es ja, wenn er Leute zur Mitarbeit braucht. Dann muß diese Frage aber ernst gemeint sein; der Dienst muß dann auch in Anspruch genommen werden. Schwieriger, glaube ich, wird es, wenn er fragt, wie Predigten gefallen, wie die Gottesdienstgestaltung ankommt, wie sich die Leute vielleicht den Gottesdienst anders wünschen, welche Probleme sie im Religionsunterricht ihrer Kinder sehen. Er muß ja solche Kritik positiv verarbeiten können.

B: Wenn wir das zum Hausbesuch Gesagte zusammenfassen, könnte man vielleicht sagen, daß der Seelsorger als Mensch und als Mitglaubender den Menschen begegnen sollte.

H: Ja, das würde ich unterschreiben. Wenn der Priester den Besuch beendet hat, sollte als Eindruck bleiben: Zu dem kann ich gehen, wenn mich der Schuh drückt oder wenn ich sehr traurig oder in Not bin. Und bei denen, die momentan keine Probleme haben, sollte der Eindruck bleiben: Dem glaube ich auch, was er von Christus sagt.

B: Sie haben mir erzählt, daß Sie in Ihrer Familie Krankenbesuche des Priesters miterlebt haben. Möchten Sie uns davon kurz erzählen?

H: Ich habe im vorigen Jahr zehn Wochen lang meine sterbenskranke Mutter im Krankenhaus gepflegt, in einem Zweibettzimmer. Wenn es ihr sehr schlecht ging, haben wir zusammen gebetet. Selbst wenn es sehr leise geschah, hörte dies eine evangelische Frau im Nachbarbett, die seit neun Monaten an Krebs litt und bald starb. Sie sagte eines Tages: »Ich möchte auch solchen Trost haben. Ich glaube auch an Jesus. Könnte nicht ein Pfarrer kommen? Es kann auch ein katholischer Pfarrer sein.« Ich habe das der Krankenschwester gesagt, und es kam ein Priester, ein großer Mann, der vor dem Krankenbett stand und das Häufchen Elend unten vor ihm fragte: »Wollen Sie die Krankensalbung?«

B: Er ist also gar nicht auf die kranke Frau und ihre Situation eingegangen.

H: Mir war das sehr peinlich und ich versuchte ihm einen Stuhl in die Knie zu drücken, damit sich der Abstand zwischen den beiden etwas verringerte, aber er wehrte ab und sagte: »Ich komme ja noch einmal wieder.« Er bot auch die Krankenkommunion an, wenn sie daran glauben würde. Die Frau bejahte und dann ging er.

Das war eine Begegnung mit dem Priester am Krankenbett, wie ich sie mir eigentlich erschreckender nicht hätte vorstellen können. Diese Frau hatte über weite Strecken ihres Lebens mit Gott und der Kirche nichts zu tun gehabt und war ja von Haus aus evangelisch. Der Priester kam nach drei Tagen wieder und spendete die Krankensalbung, reichte die Kommunion und schenkte meiner Mutter ein Heftchen mit Gebeten für Kranke und Sterbende. Das war eine sehr schöne Geste. Aus diesem Heft habe ich dann der Frau, wenn sie in den Operationssaal gefahren wurde, vorgebetet.

B: Der Priester hat sich also ganz hinter dem sakramentalen Auftrag, so notwendig und wertvoll dieser ist, verschanzt. Dieser Auftrag müßte wohl eingebettet sein in das mitmenschliche Gespräch mit dem Kranken. So aber ist der Kontakt eigentlich nicht gelungen, auch geistlich nicht.

Wir sehen: gerade das Gespräch am Krankenbett fordert den ganzen menschlichen und geistlichen Einsatz von seiten des Seelsorgers.

Rentner (Herr A.)

B: Herr A., Sie haben mir erzählt, daß sich Ihre Einstellung gegenüber dem Priester im Laufe Ihres Lebens sehr verändert hat.

A: Als Kind hatte ich gegenüber dem Priester eine sehr große Ehrfurcht, wobei das Schwergewicht auf Furcht lag. Das hat sich im Laufe meines Lebens sehr verändert: die Furcht ist verschwunden. Ich erinnere mich, daß ich als kleiner Bub einmal zur Beichte gegangen bin. Ich ging mit einer gewissen Angst in den Beichtstuhl und machte ein lateinisches Kreuzzeichen. Kaum hatte ich das gemacht und mit der Beichte begonnen, wurde ich ermahnt, daß ich ein deutsches Kreuzzeichen zu machen hätte. Da bin ich sehr erschrocken.

B: Diese Ermahnung des Priesters hat Sie offensichtlich negativ beeindruckt.

A: Ja, ich habe dabei sehr stark den Vorgesetzten empfunden.

B: Sie haben wohl überhaupt im Priester sehr stark den Vorgesetzten erlebt?

A: Ja, und zwar einen Vorgesetzten, der außerordentlich viel Macht hat. An der Macht hat sich zwar nichts geändert, diese erkenne ich nach wie vor im Sinne der Autorität an. Doch das Verhältnis zum einzelnen Priester als solches hat sich sehr zum Positiven hin verändert.

B: Können Sie uns eine Gesprächssituation mit dem Priester berichten, in der Sie den Priester negativ erlebt haben?

A: Meine Frau war sehr schwer krank und mußte ins Krankenhaus. Dann kam der Anstaltsgeistliche, um sie zu besuchen. Wir haben uns darüber gefreut, doch dann redete er meine Frau mit »liebes Kind« an. Dies hat meiner Frau absolut mißfallen und sie wollte mit diesem Geistlichen nichts mehr zu tun haben. Dabei bin ich fest überzeugt, daß der betreffende Geistliche es sehr gut und herzlich gemeint hat.

B: Er hat eine solche Wirkung seiner Anrede weder beabsichtigt noch geahnt?

A: Sicher nicht. Hinterher gelang es mir, einen recht aufgeschlossenen und menschlichen Geistlichen zu einem Besuch bei meiner Frau zu bitten. Zu diesem hatte meine Frau dann, obwohl sie ihn nicht kannte, Vertrauen. Er konnte ihr dann entscheidend helfen.

B: Sie haben mir erzählt, daß in Ihrem eigenen Leben ein Beichtgespräch eine große Bedeutung für Sie gehabt hat.

A: Das war sehr, sehr wesentlich für mich und mein Leben. Es war auch in der Zeit, als meine Frau so schwer krank war. Da lernte ich einen Priester kennen. Dieser führte auf meinen Wunsch hin mit mir mein erstes Beichtgespräch. Ähnliche Beichtgespräche, es waren nicht so ganz richtige, gab es auch im Krieg. Man ging mit dem Geistlichen während der Beichte im Freien auf und ab und beichtete so nach dem gewohnten Schema, wie man es eben als Kind gelernt hatte.

B: Das Beichtgespräch, das Sie nun erlebt haben, war aber doch ganz anders.

A: Es war vollkommen anders, schon rein äußerlich: ohne trennende Wand, ohne diese Anonymität, die ich nicht mag. Wir saßen gemeinsam an einem Tisch. Ich berichtete frei und offen über mein Leben, was ich alles falsch gemacht hatte. Ich sprach über meine Schwierigkeiten. Dann sprach der Geistliche zu mir, und zwar nicht so von oben herab oder wie ein Vorgesetzter. Er begegnete mir als Helfender. Er hat mich auch nicht getadelt oder geschimpft oder kein Verständnis dafür gehabt, daß ich so vieles falsch gemacht habe in meinem Leben. Er half mir und gab mir zur Beichte ein ganz anderes, neues Verhältnis.

B: Es war also ein Gespräch, in dem Sie den Priester nicht in der Rolle des Vorgesetzten oder gar des Richters erlebt haben, sondern vielmehr als Helfer.

A: Und es war wirklich ein echtes Gespräch. Diese Möglichkeit zu beichten kannte ich bis dahin nicht. Seither halte ich diese Form zu beichten für mich persönlich für die einzig mögliche und sinnvolle. Natürlich verstehe ich, daß diese Form viel Kraft und Zeit vom Priester verlangt.

B: Was würden Sie nun aus dieser Erfahrung heraus dem Seelsorger empfehlen für seine Gespräche mit den Menschen?

A: Ich glaube, er sollte sich nach Möglichkeit wirklich und echt in die Situation seines Gegenübers hineindenken. Er sollte sich bewußt sein, daß wir ja alle nur arme Menschen sind. Er sollte, fast möchte ich sagen, als liebender Freund zu einem kommen und sprechen und den anderen so behandeln. Ich möchte nicht einem unbarmherzigen Richter begegnen, von dem ich eine Strafe erhalte. Ich möchte einem Menschen begegnen und einem Geistlichen, der mir weiterhilft in meinem Leben und in meinem Glauben. In diesem Sinne hat mein erstes Beichtgespräch mein Leben völlig verändert.

Lehrerin (Frau S.)

B: Frau S., Sie haben mir berichtet, daß Sie in verschiedenen Lebenssituationen Begegnungen mit dem Seelsorger hatten, der Ihnen dabei mit Rat und Tat zur Seite gestanden ist.

S: Ja, es sind in der Tat einige bedeutende persönliche Begegnungen in meiner Erinnerung haften geblieben, so z. B. bei Tagen der Besinnung, bei Exerzitien und Werkwochen und bei den vielen Veranstaltungen im Rahmen der kirchlichen Jugendarbeit, bei Gesprächsabenden und Gesprächsrunden.

B: Bitte skizzieren Sie doch aus diesen verschiedenen Begegnungen einige, die Sie besonders beeindruckt haben, in denen Sie gespürt haben, daß Ihnen der Seelsorger im Gespräch viel bedeutet hat.

S: Da war z. B. in einem beratenden Gespräch die Begegnung mit einem Priester. Ich stand damals in persönlichen Glaubensproblemen. Er gab mir zunächst Hilfe, indem er mich einfach anhörte. Er zeigte eine große innere Gelassenheit und hat mich erst einmal ausführlich und eingehend zu Wort kommen lassen. Daraufhin hat der Seelsorger versucht, mir interpretierend und kommentierend Hilfe zu geben (z. B. eine Formulierung: »Wenn ich Sie richtig verstehe, treten diese Probleme immer dann auf, wenn ...«). Ich habe das damals sehr geschätzt, daß er mich zunächst einfach angehört und ernst genommen und mich nicht sofort mit vorschnellen Rezepten überfallen oder mir unvermittelt geraten hat. Nein, er hat mich zunächst einfach kommen lassen und dann erst vorsichtig Entscheidungskriterien und Orientierungshilfen angeboten.

Bei aller kommunikativen Grundbefähigung des Priesters war es letztlich sein menschliches Verhalten, das ein Stück von der Güte und Liebe Gottes aufscheinen ließ und mich zutiefst froh machte.

B: Der Seelsorger hat Ihnen also einfach zugehört, Sie angenommen und zu verstehen versucht in dieser Situation. Und daraufhin ist wohl auch das

Thema des Glaubensinhaltes zur Sprache gekommen? Oder waren es mehr Lebensfragen, die den Glauben betroffen haben?

S: Ja, es waren Lebensfragen im Zusammenhang des Glaubens, die mich damals in der Jugendzeit bedrängten und bewegten: z. B. wie kann sich mein Verhältnis zur Kirche intensivieren?, welcher Lebensstil ist für ein gelungenes Christsein notwendig? u. ä.

B: Wie hat nun der Priester von sich aus versucht, den Glaubensbereich einzubringen?

S: In diesem beratenden Gespräch hat mir der Priester im Zusammenhang mit einer passenden Schriftstelle Interpretations- und Identifikationsmöglichkeiten angeboten. Wir haben miteinander versucht, einzelne Elemente aus dem Text des Evangeliums herauszuarbeiten und sie auf meinen Lebensbereich zu beziehen. Was für mich dabei hilfreich war: daß ich mich trotz meiner miesen Situation geführt sehen durfte, daß ich nicht allein mit dem Problem dastand, sondern mich wiederfinden konnte im Lebens- und Verstehenszusammenhang des biblischen Textes.

B: Es ist also diese Schriftstelle für Sie zur persönlichen Antwort geworden auf Ihre Situation. Vielleicht wollen Sie noch andere Formen des Glaubensgesprächs benennen, die für Sie hilfreich waren.

S: Ja, es muß nicht immer eine Schriftstelle sein. Ich erinnere mich z. B. an eine Bildmeditation. Der Seelsorger und ich betrachteten miteinander ein Bild und versuchten, daraus eine gemeinsame Antwort auf meine Lebens- und Glaubenssituation zu finden. Ein anderes Mal war es die Form der Lebensbetrachtung (Révision de vie), in der wir miteinander bestimmte Ereignisse und Situationen im Licht des Glaubens zu verstehen suchten.

B: Sie haben miteinander versucht, das, was Gott Ihnen in dieser Situation sagen möchte, gemeinsam zu erspüren. Was haben Sie nun in der Lebensbetrachtung als hilfreich von seiten des Seelsorgers empfunden?

S: Zunächst wiederum die Zurückhaltung. Der Seelsorger hat von sich aus nur Impulse gegeben, um mein Leben in einem klareren Licht zu sehen, d. h. für mich: mit den Augen des Glaubens zu sehen und nicht ausschließlich aus der Perspektive der Psychologie. Im wesentlichen war es aber seine personale Qualität der Verkündigung.

B: Sie haben diese Gespräche vorhin »beratende Gespräche« genannt. Aber eigentlich ist dabei der Seelsorger gar nicht so sehr »beratend« tätig gewesen.

S: Ja, er ist hauptsächlich erhellend und klärend tätig gewesen. Ich finde, als Moderator, Initiator und Koordinator kann der Seelsorger seine Aufgabe intensiver wahrnehmen als möglicherweise als Lehrer und Richter. Doch diese Rollenzuweisung und -erwartung ist sicherlich von meiner Persönlichkeitsstruktur bzw. der momentanen Situation abhängig. Ich meine, daß der Seelsorger primär Wert- und Sinnzusammenhänge aufzeigen soll und daß der eigenverantwortliche, handelnde Vollzug letztlich mir selbst aufgegeben ist.

B: Der Seelsorger hat also nicht gesagt: Machen Sie es so oder so. Er hat Sie nicht festgelegt oder Ihnen gar Rezepte zum Handeln gegeben?

S: Nein. Ich glaube, das wäre auch nicht hilfreich gewesen. Eine solche direkte Form würde mehr das Verhältnis Vater-Kind in den Vordergrund rücken. Mir persönlich war dieses brüderlich-partnerschaftliche Verhältnis viel wertvoller und hilfreicher.

In diesem Zusammenhang habe ich festgestellt: es ist sehr schwer, religiöse Erfahrungen zu versprachlichen. Das war oft mein Hauptproblem: Wie kann ich mein religiöses Leben anderen adäquat mitteilen? Dieses Mitteilen der innersten Empfindungen – etwas von sich fortgeben und weggeben – ist nicht leicht. Dazu bedarf es eines langen und echten Lernprozesses. Die Impulse des Seelsorgers, gerade auch zur Förderung der religiösen Gesprächsfähigkeit, waren dabei sehr wertvoll. Es war eine Art religiöser Lernprozeß mit Hilfe der verschiedensten Medien wie Bildmeditation und Schriftwort, gelegentlich auch mit Rollen- und Planspiel.

B: Dieses Verhalten des Seelsorgers haben Sie als hilfreich erlebt: die Vermittlung von Impulsen und Denkanstößen im Glauben. Wie hat sich aber der Seelsorger dabei selbst eingebracht?

S: Er hat sich zunächst persönlich zurückgehalten, aber dann auch selbst Stellung genommen in wertender Weise, sehr ehrlich und offen.

B: Er hat also seine eigene Erfahrung und seine gläubige Existenz miteingebracht und nicht bloß ein Urteil oder seine Meinung dazu abgegeben.

S: Nur so konnte er m. E. eine nachhaltige Wirkung erzielen. Ich hätte es sehr schnell durchschaut, wenn er nicht selbst mit seiner Person dahinterstünde und nur Worthülsen lieferte. Wertvoll war vor allem die erlebbare Gewißheit: der Seelsorger versucht sein Bestes zu geben.

B: Eine sehr dichte Form des Glaubensgesprächs als Seelsorgegespräch ist ja das Beichtgespräch.

S: Ja, so habe ich es erlebt, als die dichteste Form eines Gespräches. Seit drei Jahren stehe ich in einem solchen Gesprächskontakt. Ich möchte gerne einige positive Momente benennen, die ich als hilfreich erlebt habe, und dann einige negative, die vermieden werden könnten. Wie bereits erwähnt, habe ich es auch bei Beichtgesprächen als sehr hilfreich erfahren, wenn zunächst eine warme, positive Atmosphäre geschaffen wurde, in der einfach das gegenseitige Zuhören, Verstehen und Annehmen möglich ist und wachsen kann. Im Grunde ist das eigentlich eine Selbstverständlichkeit. Aber ich glaube, es ist doch sehr wichtig, darauf so eindringlich hinzuweisen, daß dieser zwischenmenschliche Bereich positiv gestaltet wird.

B: Daß man Vertrauen fassen und sich öffnen kann.

S: Es ist gleichsam die Eröffnungsphase des Gesprächs. – Weiterhin sehr hilfreich ist die Erfahrung, daß nicht nur das verbale Verhalten eine große Rolle spielt, sondern daß der Seelsorger es auch versteht, non-verbale Signale wahrzunehmen (Beispiel: »Lesen« des Gesichtsausdrukkes). Hier ist hauptsächlich die Ebene der Emotionen angesprochen. Ich konnte dabei sehr positive Erfahrungen machen im Sinne des Angenommenwerdens durch entsprechende Gesten und Mimik. Auch das konkrete Sprechen, der Tonfall, der Akzent sind dabei wichtig, ebenfalls die Art des Schweigens. Die Öffnung der Innenwelt muß sehr behutsam, überlegt und abwägend geschehen. Grundvoraussetzung dafür ist, daß der Priester den anderen kennt und ernst nimmt.

B: Also seine Lebenssituation und seine Glaubenssituation.

S: Sehr wichtig scheint mir auch, daß während des Beichtgesprächs immer wieder sogenannte ritualisierende Elemente vorkommen. Das sind gleichsam Brücken, über die man im Gespräch gehen, oder Geländer, an denen man sich festhalten kann. An solchen Elementen wird vor allem auch der sakramentale Charakter des Gesprächs deutlich, die Dimension des Glaubens kann darin erspürt und festgehalten werden. So wird der Charakter des Sakramentalen als einer Begegnung mit Gott im Medium des Seelsorgegesprächs transparent.

B: Möchten Sie einige solcher Elemente benennen, die Sie im Sinne des stützenden und verweisenden Ritus als hilfreich erlebt haben?

S: Z. B. zu Beginn des Gesprächs ein gemeinsames Gebet. Das ist ein Einstieg, der verbindet und öffnet. Oder am Schluß der Beichte die Zusammenfassung wesentlicher Inhalte als Verständnisüberprüfung, aber auch als Anregung zur Reflexion in die mögliche Korrektur. Weitere solcher ritualisierender Elemente: vielleicht könnte man sie leibhafte Zeichen der Versöhnung nennen. Bei aller Vorsicht und bei allem Bedenken, ich habe solche Gesten sehr schätzen gelernt: den Händedruck z. B. als leibliches Zeichen oder einen stillen Blick oder vielleicht auch die Umarmung – zwar nicht isoliert, sondern eingebettet in das vorausgehende oder nachfolgende Geschehen. Ich meine, solche Gesten könnten zu Abbildern der Zärtlichkeit Gottes werden und den Versöhnungscharakter dieses Sakramentes transparent machen.

B: Nun ist ja in der liturgischen Form der Feier der Versöhnung das Symbol der Handauflegung während der Lossprechung vorgesehen. Haben Sie diese schon einmal an sich erlebt?

S: Ja, es war zunächst etwas Neues für mich. Aber emotional hat mich diese Symbolhandlung sehr angesprochen. Es war irgendwie eine Art Erneuerung des Firmgeschehens, Symbol dafür, aufs neue von Gott und seiner Kirche aufgenommen und angenommen zu sein.

Trotz solcher Elemente des Ritus frage ich mich aber zuweilen: Wie stehen Liturgie und Gespräch zueinander? Ist nicht auch das Gespräch selbst Liturgie? Ereignet sich in diesem Dialog nicht auch schon das Sakrament?

B: Sicher hat ein gelungenes Gespräch diese Dimension des Befreienden und Heilenden. Andererseits ist freilich das Bußsakrament nicht einfach eine Zweierbeziehung.

S: Ich sehe das auch so. Und doch frage ich mich nach der geistlichen, ja vielleicht sakramentalen Dimension des Gesprächs. Denn im Priester, der sich ja selbst als Person und als Glaubender einbringt, wird die vertikale Dimension aktualisiert und erfahrbar. Daß darüber hinausgehende, eigene rituelle Elemente im Vollzug eines Beichtgespräches nötig sind, verlangt sicher nochmals einen besonderen Akt des Glaubens an die transempirische Gestalt des Bußsakramentes.

B: Nach diesen Hinweisen auf positive Elemente im Beichtgespräch könnten wir noch auf negative und störende hinweisen.

S: Solche können natürlich auch von seiten des Beichtenden gegeben sein. Für den Priester aber scheint mir der Hinweis wichtig, daß bereits der Einstieg in das Gespräch nicht zu oberflächlich gestaltet wird (z. B. mit der Frage »Wie geht es Ihnen?«). Man müßte tiefer anknüpfen, beispielsweise das letzte Beichtgespräch nochmals aufgreifen in seinen Inhalten und Zielsetzungen. Dann könnte der Beichtende den dazwischenliegenden Zeitraum in den wichtigsten Phasen und Erlebnissen nochmals durchdenken. Gleichzeitig wäre damit eine gemeinsame Ausgangsbasis für das folgende Gespräch geschaffen. – Ein weiterer möglicher Störfaktor ist auch die Frage der Zeit. Damit das Gespräch in die Tiefe und in die Weite gehen kann, muß man ungestört sein können und beiderseits wirklich Zeit haben. Jede Hetze im Vorder- oder Hintergrund macht viel zunichte. Sie macht unfrei. Jede Stille und jede Pause wird dann fast als peinlich oder störend empfunden, wenn ein Zeitdruck mitschwingt. Sowohl der Beichtende als auch der Beichtpriester sind dann versucht, in kurzer Zeit möglichst viel reinzupacken. Diese Hektik kann wechselseitig sehr blockieren und die Gefahr, an der Oberfläche zu verbleiben, ist sehr groß.

Störend ist auch, wenn der Zuspruch zu allgemein und zu unpersönlich gehalten ist. Das verlangt sicher ein großes Einfühlungsvermögen von seiten des Priesters. Das bedeutet, daß er sich vor dem Gespräch Gedanken macht über mögliche Inhalte des Zuspruchs, über geeignete Schriftstellen, die für die betreffende Person hilfreich und wegweisend sein könnten. Auch die Frage nach den Formen der Lebensgestaltung aus dem Glauben und seiner schrittweisen Durchführung ist sehr wichtig. Wirkungsvoller ist es, wenn die konkreten Schritte sowie das Bußwerk *gemeinsam* vereinbart und besprochen werden.

Schließlich sei auf den Komplex der Übertragungs- und Gegenübertragungsaktionen in der Beichtsituation hingewiesen, die sowohl beim Beichtenden als auch beim Beichtpriester wirksam sein können. Fehlleistungen im Zuspruch, Überhörungen, eigenes fasziniertes Ergriffensein – um nur einige Phänomene zu nennen – müßten durch vertiefte Erfahrungen des eigenen Unbewußten, durch Wahrnehmungsschärfung für fremdseelische Verhaltensweisen aufgefangen und korrigiert werden. Eine nicht leicht zu realisierende Aufgabe – aber dennoch ein Fernziel!

B: Wenn wir all das bedenken, könnten wir sagen, es geht um eine gemeinsame, von beiden Seiten getragene, gestaltete und verantwortete Feier der Versöhnung. Von daher könnte sich eine vertiefte Sicht und eine neue Erfahrung des Versöhnungssakramentes ergeben.

2. Stellungnahmen und Erfahrungen von Seelsorgern

Die hier protokollierten Interviews sind ursprünglich unmittelbar geführt und für die genannten Pastoralkonferenzen auf Videoband aufgezeichnet worden. Bei der Niederschrift für die Drucklegung wurden unwesentliche Kürzungen bzw. Verdeutlichungen, auch stilistischer Art, vorgenommen. Für die Seelsorger bei der Tagung diente der Film zur Motivation der Arbeit und zur Bewußtmachung von Problemen der Gesprächsseelsorge. Er wurde sehr positiv als Einstieg aufgenommen, wenn auch kritisch rückgefragt wurde: Sind die vorgestellten Interview-Personen und -Situationen »typisch« für unsere Gemeindeglieder? Kamen hier nicht Leute mit zuviel Vorwissen zur Sprache, quasi »Profi-Laien« und »periti«?

Diese Rückfragen sind berechtigt. Andererseits wollte sich der Interviewer bewußt zurückhalten, das Gespräch möglichst wenig beeinflussen und die Aussagen nicht den Befragten »in den Mund legen« zur bloßen Bestätigung oder Verneinung. Diese Gefahr besteht bei Interviews von Mitchristen, die ihre (religiösen) Erfahrungen wenig reflektieren oder artikulieren können. Deshalb wurde lieber die andere Gefahr eines zu hohen Reflexionsvermögens, einer zu großen Sprachfähigkeit und Problembewußtheit in Kauf genommen.

Anhand der folgenden *Fragen* wurden von den beobachtenden Seelsorgern bei den Konferenzen während des Films Notizen gemacht und darüber in den nachfolgenden Gesprächskreisen diskutiert:

Was behindert die Beziehung zum Seelsorger?

Ein zentrales Problem ist offensichtlich die erlebte oder befürchtete Amtsrolle des Priesters: autoritäres Gehabe, Überbetonung des Vorgesetzten oder der Respektsperson. Vor dieser gezeigten oder auch nur vermuteten

Macht und Überlegenheit des Priesters haben viele, vor allem ältere Mitchristen Scheu und oft auch Angst. Daraus erwachsen Gesprächshemmungen und Blockierungen für das Sich-Öffnen oder Sich-Anvertrauen im Seelsorgegespräch. Hemmungen und Vorurteile haben aber auch viele Seelsorger, Kontaktarmut und Begegnungsscheu. Rückzug auf die Amtsposition und Aufbau einer Machtstellung sind die Abwehrmechanismen, die allerdings durch überstarke Idealprojektionen und Vorbilderwartungen seitens der Gläubigen begünstigt oder verstärkt werden. Dieses Subjekt-Objekt-Gefälle »von oben nach unten« müßte durch ein brüderliches Miteinander gemindert werden.
Hinderlich und störend für den Aufbau einer positiven Gesprächsbeziehung können auch negative Erlebnisse und Erfahrungen mit (anderen) Priestern oder mit der Kirche überhaupt (»moralischer Wächter und Richter«, Institutionskomplex) wirken. Von seiten der Seelsorger gibt es oft »Berührungsängste« mit ihnen nicht vertrauten Sozialschichten (z. B. Akademiker oder Arbeiter) oder gegenüber der Kirche Fernstehenden. Allzu leicht sucht der Seelsorger dann nur mit bestimmten Personen und/oder Gruppen der Gemeinde das (ihn bestätigende) Gespräch.
Viele Seelsorgegespräche leiden oder scheitern am Fehlverhalten des Priesters: Vorschnelles Urteilen oder Verurteilen, Rezepte geben, Deuten und Moralisieren, Verallgemeinern oder Herunterspielen der Probleme, unpassende Witzeleien oder unechte, formale Freundlichkeit und falsche Vertraulichkeit sind ebenso hinderlich wie vorgefertigte Antworten oder religiöse Phrasen und Besserwisserei. Beim Ratsuchenden bestehen oft Sprechhemmungen und Hilflosigkeit, seine Probleme oder religiösen Erfahrungen angemessen und verständlich verdeutlichen zu können.

Was erleichtert die Beziehung zum Seelsorger?

Im Abbau der genannten Barrieren liegt also eine Voraussetzung für ein echtes, helfendes Gespräch. Auf der Grundlage einer natürlichen menschlichen Begegnung, die von Interesse, Vertrauen, Bereitschaft zum Zuhören, Einfühlen, Verstehenwollen, von Ernstnehmen und Gelassenheit gekennzeichnet ist, kann eine möglichst angstfreie Atmosphäre sich ausbilden, die eine innere Wärme ausstrahlt. Wie eine geschlossene Knospe im Licht und in der Wärme sich öffnet und Einblick gewährt in ihr Inneres, so der Gesprächspartner in dieser Erfahrung der Zuwendung und Achtung durch den Seelsorger. Die Kunst des »aktiven Zuhörens« und Schweigens ist nicht weniger bedeutsam als das Auf-den-anderen-Eingehen im verbalen und non-verbalen Verhalten der Gestik und Mimik. Soll der Ratsuchende sich persönlich mit-teilen können, so muß er im Seelsorger den liebenden Freund und Bruder erkennen können, der *begleitend führen* will und kann: zurückhaltend im Urteil und Rat, behutsam im Impulse-Geben, die gemeinsame Bemühung um Wege der Lösung betonend, mit seinem Gesprächspartner im Gebet und im Bedenken des Evangeliums verbunden.

Was erwarten und »brauchen« Menschen im Gespräch mit dem Seelsorger?

Mit einem Wortspiel gesagt: sie erwarten und brauchen *den »geistlichen Menschen« und den »menschlichen Geistlichen«*. Herzlichkeit und echte Mitmenschlichkeit sind Wegbereiter und Helfer im Gespräch. Darauf aufruhend kann und muß die Spiritualität des Seelsorgers zur Sprache und Erfahrung kommen: er muß sich selbst einbringen als Glaubenden, aber auch als Suchenden, Fragenden und Ringenden. Die eigene Hilflosigkeit und Betroffenheit hat er nicht zu verbergen. Denn auch er ist und bleibt ein Lernender. Das echte, unmittelbare nicht-amtliche Zeugnis *seines* Glaubens ist für den Mitchristen Hilfe und Orientierung. Oft möchte der Priester zu schnell zu seinem »Eigentlichen« kommen, zum Wort Gottes oder zur Spendung der Sakramente. Wenn aber nicht zuvor der Grund des gegenseitigen Annehmens und Verstehens gelegt ist, überfordert der Seelsorger den Gesprächspartner oder stülpt ihm seine Bedürfnisse über. Er bleibt nicht »Diener der Freude« des anderen, sondern wird »Herr über seinen Glauben«. Das Hören auf die Botschaft, die das Leben und Verhalten des Gesprächspartners auch dem Seelsorger sagen möchte, verlangt viel an menschlichem Takt und Einfühlungsvermögen, mehr noch: an Hoch- und Wertschätzung des anderen als Schwester oder Bruder in Christus, der als Getaufter und Gefirmter teilhat am Geiste Gottes.

Pius Schmidt

ERKENNTNISSE DER GESPRÄCHSPSYCHOLOGIE IN IHRER BEDEUTUNG FÜR DAS SEELSORGEGESPRÄCH

Menschen versuchen sich gegenseitig durch Gespräche zu helfen. Daß ein Gespräch hilfreich sein kann, hat wohl jeder schon an sich selbst erfahren oder an einem anderen, dem er durch ein Gespräch geholfen hat.
Was macht ein Gespräch eigentlich hilfreich? Welche Art von Gesprächen und welche Qualitäten des Beraters wirken sich therapeutisch oder zumindest förderlich auf die Persönlichkeitsentwicklung des Gesprächspartners aus, welche beeinträchtigen? Diese Fragen interessieren nicht nur den Psychotherapeuten oder Lebensberater, sondern auch den Seelsorger. Denn auch er hat es mit Reifungs- und Heilungsprozessen zu tun, wenn auch in einem umfassenderen Sinn als die Psychotherapie. Deshalb darf er bei der Sorge um das Heil des Menschen die Frage nach der menschlichen Reife nicht aus dem Spiel lassen. Für den Seelsorger ist es wichtig zu wissen, was die Psychotherapie unter Heilung versteht und wie sie den Heilungsprozeß eines Menschen systematisch fördert.
Es ist das überragende Verdienst des amerikanischen Psychologen *Carl Rogers,* die wesentlichen Qualitäten eines förderlichen Helfers sowie die psychologischen Vorgänge, die beim Partner in hilfreichen Gesprächen ablaufen, systematisch erforscht zu haben. Inzwischen hat der Ansatz der Gesprächspsychotherapie in vielen Bereichen, die mit zwischenmenschlichen Beziehungen zu tun haben, Eingang gefunden, z. B. im Bereich der Erziehung, im schulischen Unterricht, in der gruppenbezogenen Führung und Verwaltung, in der Einzel- und Gruppentherapie und in der Seelsorge.
Kein Seelsorger kann an den Erkenntnissen der Gesprächspsychotherapie vorbeigehen, denn gerade die Seelsorge geschieht doch zum großen Teil im Medium des Gesprächs.
Reinhard Tausch, der die Gesprächspsychotherapie im deutschen Raum bekannt gemacht und durch eigene Forschungen erweitert hat, legt großen Wert darauf zu betonen, daß die Gesprächspsychotherapie keinesfalls nur eine Methode für Fachleute sei, sondern daß viele Menschen in der alltäglichen Umwelt Helfer in Gesprächen sein können. Er schreibt: »Wir halten es nicht für richtig, daß Mitmenschen im alltäglichen Leben sich hilfreiche Gespräche nicht zutrauen, weil sie meinen, dies könne nur ein Fachmann mit langjähriger Universitätsausbildung.«[1] Er hat nachgewiesen, daß auch

[1] *R. u. A. Tausch,* Gesprächspsychotherapie. Göttingen [7]1979, 8.

Personen ohne akademisches Studium der Psychologie fähig sind, psychotherapeutische Gespräche zu führen. Zum Teil sind sie sogar hilfreicher als solche mit beruflichen Psychotherapeuten.
Aus einem natürlichen Gespür heraus *gelingen* viele Gespräche, mit denen wir anderen Menschen helfen wollen, andere jedoch mißlingen. Wir merken anschließend vielleicht unsere Hilflosigkeit und spüren die entsprechende Reaktion des anderen. Aber selten reflektieren wir darüber, welche Faktoren das Gespräch gefördert und welche es gestört haben.
Worin bestehen diese wesentlichen Faktoren eines therapeutischen oder hilfreichen Gesprächs? Inwiefern können diese Erkenntnisse der Gesprächspsychotherapie für das Seelsorgegespräch fruchtbar gemacht werden?

1. Die Bedeutung der zwischenmenschlichen Beziehung

Die Grundannahme der Gesprächspsychotherapie ist, daß die Persönlichkeitsentwicklung in einer *zwischenmenschlichen Begegnung* gefördert wird, jedoch nur dann, wenn der Therapeut oder allgemein der Berater bestimmte Haltungen verwirklicht. Diese therapeutischen Grundhaltungen und die daraus hervorgehenden Aktivitäten sind die *notwendigen und hinreichenden* Bedingungen. Sie setzen beim Klienten oder allgemein beim Gesprächspartner diese förderlichen Prozesse in Gang.
Die zentrale Annahme der Gesprächspsychotherapie, daß Menschen in einer zwischenmenschlichen Begegnung entscheidend gefördert werden, ist ebenfalls eine Erfahrung, die wohl jeder schon im alltäglichen Leben gemacht hat: eine gesunde Beziehung ist auch die Grundvoraussetzung für ein therapeutisches und für jedes helfende Gespräch.
Der Psychoanalytiker *Otto Rank* hat gezeigt, daß eine bestimmte Art von Beziehung an sich schon heilend ist[2]. Die von ihm begründete Beziehungstherapie befaßt sich fast ausschließlich mit den Gefühlsbeziehungen, die dem Klienten im Augenblick gegenwärtig sind. Allein die Klärung der momentanen Gefühlsbeziehungen des Klienten fördert die Therapie ganz entscheidend.
Wodurch wird diese Beziehung geprägt?
Diese Beziehung zum anderen wird nicht nur durch die Inhalte des Gesprächs bestimmt, sondern vor allem durch die non-verbalen Informationen, die dabei mitschwingen, z. B. den Klang der Stimme, die Gestik, die Körperhaltung, den Ausdruck der Augen usw.

[2] *O. Rank,* Will Therapie and Truth and Reality. (Englische Ausgabe von: Die analytische Reaktion in ihren konstruktiven Elementen. Die Analyse des Analytikers und seine Rolle in der Gesamtsituation. Wahrheit und Wirklichkeit). New York[6] 1945, 56 und 59.

Watzlawick u. a. sprechen in diesem Zusammenhang von einer Inhaltsebene und Beziehungsebene. Durch die non-verbalen Informationen, die bei unseren Worten mitschwingen, wird die Beziehung zum anderen definiert.[3]
Jede Aussage ist zunächst noch vieldeutig; erst der Beziehungsaspekt legt sie auf eine Bedeutung fest. Das Wort »du Lump« z. B. kann eine freundschaftliche Beziehung ausdrücken oder eine abweisende, je nach den Begleitinformationen, die bei diesem Wort mitübermittelt werden.
Die Beziehung zum anderen wird besonders dann *gestört*, wenn sich die Inhaltsebene und die Beziehungsebene in ihrem Mitteilungsgehalt widersprechen. Dies ist z. B. bei allem unechten Trösten der Fall oder dann, wenn christliche Inhalte gekoppelt mit unchristlichem Verhalten angeboten werden. Solche Inhalte werden dann als frommes Gerede empfunden. Sie stören die Beziehung.
Der Ansatz der Gesprächspsychotherapie ist ein Weg, eine vertrauensvolle Beziehung herzustellen und die vorhandenen Abwehrmechanismen abzubauen, die die momentane Beziehung noch behindern.

2. Die therapeutische Grundhaltung

Die Grundidee der Gesprächspsychotherapie erscheint zunächst sehr einfach.
Erfährt eine Person eine andere Person, die ihr helfend zugewandt ist, als
- nicht-wertend-einfühlend,
- respektvoll-warm-sorgend,
- sowie echt-innerlich-übereinstimmend,

dann sind im allgemeinen die *notwendigen und hinreichenden* Bedingungen für ein therapeutisches Gespräch gegeben, die die Persönlichkeitsentwicklung entscheidend fördern[4]. Was unter Förderung der Persönlichkeitsentwicklung zu verstehen ist, wird weiter unten beschrieben.
Je weniger diese drei Voraussetzungen beim Helfer erfüllt sind, desto weniger hilfreich wird sich das Gespräch auf den anderen auswirken.
Diese Annahme wurde in einer größeren Anzahl von empirischen Untersuchungen geprüft und hat sich als zutreffend erwiesen bzw. konnte nicht widerlegt werden[5].
Es sei jetzt schon darauf aufmerksam gemacht: Bei der Gesprächspsychotherapie handelt es sich nicht um eine Methode oder Technik, die mir sagt,

[3] *P. Watzlawick, J. H. Beavin, D. D. Jackson,* Menschliche Kommunikation. Bern 1974, 53 f.
[4] *R. u. A. Tausch,* Personzentrierte Gesprächspsychotherapie, in: Handbuch der Psychologie VIII/2. Göttingen 1978, 1915.
[5] Ebd.

wie ich mich bei einem therapeutischen Gespräch zu verhalten habe, sondern sie betont die *innere Haltung*, die der Helfer verwirklichen soll. Alle Worte und Aktivitäten, die aus dieser Haltung herausfließen, die Mitgefühl, Achtung-Sorge und Echtheit ausdrücken, sind hilfreich.
Rogers betont, daß ein Berater, der versucht, eine *Methode* anzuwenden, zum Mißerfolg verurteilt ist, solange diese Methode nicht mit seinen eigenen Grundeinstellungen übereinstimmt. Der Klient merkt sehr bald, ob und wann der Berater eine *Methode* benützt, ein intellektuelles Werkzeug, das er für einen bestimmten Zweck verwendet. Der Ton der Stimme und andere non-verbale Zeichen verraten den Berater, der mit einer Methode etwas erreichen will.[6]
Der Helfer ist somit frei, seine eigene Person und Eigenart zu leben, weil es nicht um die äußere Technik geht, sondern um die innere Haltung.
Diese Haltungen und Aktivitäten des Helfers lassen sich anhand von Tonband- und Videoaufzeichnungen im Rahmen einer Ausbildung von neutralen Beurteilern einschätzen (hierzu gibt es besondere Einschätzungsskalen). Deshalb lassen sich einige dieser Haltungen bis zu einem gewissen Grad auch einüben.

Einfühlendes, nicht-wertendes Verstehen

Nicht-wertendes Verstehen ist im alltäglichen Leben etwas Seltenes. Statt Wertschätzung erfahren wir Herabsetzungen, unterschwellige Beleidigungen, Unverständnis. Auch wir selbst verhalten uns so gegenüber anderen. Statt Wertschätzung geben wir Kritik und Belehrungen ab, wir bewerten andere, beurteilen sie und verurteilen sie oft. Aber selten äußern wir jenes einfühlende, nicht-wertende Verstehen. Was ist damit gemeint?
Einfühlendes, nicht-wertendes Verstehen als therapeutische Grundhaltung bedeutet: Der Helfer sucht die innere Erlebniswelt seines Gesprächspartners zu spüren. Er versucht sich vorzustellen, was der andere im Augenblick empfindet und was in seinem Inneren vorgeht.
Das ist zu allererst ein ganz genaues Hinhören auf die Äußerungen des anderen, auf die verbalen, aber auch auf die non-verbalen Äußerungen. Es ist ein ganz sensibles, einfühlendes Hineinhören in die innere Welt des anderen, ein Bemühen, möglichst »unter die Haut des anderen zu schlüpfen«, in »seinen Schuhen ein paar Schritte in seiner Welt zu gehen«, »ein Bemühen, gleichsam die Klopfzeichen eines in seiner inneren Welt Eingeschlossenen« zu hören.[7]
Es kommt also darauf an, die *tiefere Botschaft der verbalen und non-verbalen Äußerungen* herauszuhören, was sie für ihn bedeuten und was er dabei

[6] *C. R. Rogers,* Die klientenzentrierte Gesprächspsychotherapie. München 1978, 34 und 39.
[7] *Tausch* 1978, a. a. O. 1933.

fühlt. Der Helfer leiht ihm förmlich sein Ich, und das, was der Therapeut anhand dieser Äußerungen verstanden hat und nachempfinden konnte, teilt er ihm verständlich und in einfacher Form mit, jedoch ohne das Verstandene negativ oder positiv zu bewerten.

A und O der Gesprächstherapie ist das aktive Zuhören. Das therapeutische und auch das seelsorgliche Gespräch steht und fällt mit dem Zuhören. Der Berater muß ganz Ohr sein können; das erfordert ein hohes Maß an Konzentration. Nur so kann der Berater die tiefere Botschaft des anderen »hören«, z. B. auch die Angst, die in einer Pause mitschwingt. Die Voraussetzung für ein solches Zuhören ist, daß der Berater vor einem solchen Gespräch selber zur Ruhe kommt und alle Hetze ablegt. Nur so kann er sich ganz auf den einen Sender einstellen und sein Hören und Sehen, sein Denken und Fühlen auf den Gesprächspartner konzentrieren; jede innere Unruhe behindert das genaue Hinhören.

Viele Menschen haben ein Bedürfnis nach einem, der sie auf diese Art einfühlend und nicht-wertend zu verstehen sucht. Zwei Beispiele aus der Literatur können dies verdeutlichen:

Seneca (römischer Philosoph, gest. 65 nach Christus) schreibt:

»Denn wer hört uns je in aller Welt,
ob Freund und Lehrer, Bruder, Vater, Mutter,
ob Schwester, Nachbar, Sohn,
ob Herr, ob Knecht?
Hört der Berater uns? Die eigne Frau,
der eigne Mann, die uns am nächsten stehn? ...
Zu wem kann jemand sagen: Hier bin ich?
Sieh die Nacktheit, sieh hier
Wunden, geheimes Leid, Enttäuschung,
Zagen, Schmerz, unsagbar'n Kummer,
Angst, Verlassenheit!
Hört einen Tag mich, eine Stunde bloß,
nur einen Augenblick, auf daß ich
nicht vergeh im Grauen wilder Einsamkeit!
O Gott, ist niemand da,
der mich hört? ...«[8]

Und *Lavater* (1741–1801):

»Findest Du einen Menschen,
der ruhig ist,
ohne Affektation,
der mit Gegenwart des Geistes,
mit wahrer Teilnehmung,
mit stillem Bedürfnis hören kann,

[8] zitiert nach *W. Weber,* Wege zum helfenden Gespräch. München 1975, 50f.

der Dich nicht leicht unterbricht,
der nicht zwei Fragen auf einmal tut,
die Antwort auf eine gelassen abwartet und ganz auffaßt,
der nicht vorwärts, nicht zurückgreift,
dessen Blick Dich nicht geflissentlich fixiert und niederschlägt,
dessen Blick dem Deinigen nicht geflissentlich ausweicht,
der nicht in die Höhe und nicht in die Tiefe zielt,
der in dem selben Grade unnachlässig und unangespannt ist,
so denke, einen Schatz im Acker,
eine Perle gefunden zu haben«[9].

Die von *Rogers* gemeinte Art des Zuhörens darf nicht verwechselt werden mit einer passiven Laissez-faire-Haltung. Die Erfahrung der letzten drei Jahrzehnte non-direktiver Gesprächspsychotherapie zeigt, daß viele Berater aus dem Bemühen heraus, den Klienten selbst direktiv sein zu lassen und ihm nur ja keine fremde Wertbestimmung aufzudrängen, in eine passive Beraterhaltung hineingerieten. Diese falsche Haltung habe, urteilt *Rogers*, zu beträchtlichen Fehlschlägen in der Beratung geführt; denn der Klient erlebte die Passivität und das fehlende Beteiligtsein des Beraters vielfach als Ablehnung: die Laissez-faire-Haltung wurde als mangelndes Interesse am Klienten empfunden[10].

Aktives Zuhören wird vielfach noch in einer anderen Richtung mißverstanden: als Diagnostizieren. Auch diese Einstellung behindert das Gespräch und es kommt zu keiner vertrauensvollen Beziehung. *Rogers* empfiehlt, der Therapeut solle aufhören, sich mit Diagnose zu beschäftigen, er solle seinen diagnostischen Scharfsinn ruhen lassen; er solle sich vielmehr nur auf ein Ziel konzentrieren: zu tiefem Verstehen und zur Akzeptierung der Einstellungen zu gelangen, die der Klient in dem Augenblick bewußt einnimmt, in dem er Schritt für Schritt in das gefährliche Gebiet eindringt, das er bislang seinem Bewußtsein gegenüber geleugnet hat[11].

Neben Passivität und Diagnostizieren gibt es noch andere Laster der Gesprächsführung. Ein Beispiel[12]:

Ein 60jähriger Patient, zuckerkrank, macht folgende Äußerung: »Ich habe meine Schwiegermutter 39 Jahre lang gehaßt, und darum bin ich jetzt auch krank geworden!« (Die Schwiegermutter ist vor etwa drei Jahren gestorben. Der erhöhte Zucker wurde vor etwa einem Jahr festgestellt). Folgenden Arten von Stellungnahmen begegnet man häufig:

1. Verallgemeinern (generalisieren): »Das kommt ja häufiger vor, daß man

[9] zitiert nach *Weber,* a. a. O. 53.

[10] *Rogers,* 1978, a. a. O. 40.

[11] *Rogers,* 1978, a. a. O. 43.

[12] aus: *G. Eisele/R. Lindner,* Einführung in das helfende Gespräch. Studienbriefe Arbeitsgemeinschaft Missionarische Dienste, Stuttgart.

mit seiner Schwiegermutter nicht so gut auskommt ... Deswegen sind Sie doch nicht krank geworden!«

2. *Belehren, anpredigen* (dozieren, dogmatisieren): »Da liegen Sie völlig falsch. Ihre Zuckerkrankheit entsteht nicht durch seelische Erlebnisse, sondern durch körperliche Störungen.«

3. *Herunterspielen, verharmlosen*: »So schlimm wird es nicht gewesen sein. Das kommt ja öfter vor. ›Hassen‹ ist doch ein starkes Wort!«

4. *Beurteilen, kommentieren* (psychologisieren, Diagnose stellen): »Sie sind wohl mit dem Verhältnis zu Ihrer Schwiegermutter nie fertig geworden und daher kommen Sie jetzt auf den Gedanken, Ihre Krankheit sei die Folge dieses schlechten Verhältnisses ...«

5. *Ratschlag geben*: »Nun vergessen Sie doch Ihre Schwiegermutter. Was gewesen ist, ist gewesen. Kümmern Sie sich doch um Ihre eigene Familie!«

6. *Anweisungen geben, zurechtweisen* (moralisieren, korrigieren): »Nun sagen Sie mal! Meinen Sie wirklich, das sei die Ursache Ihrer Krankheit? Ich glaube, Sie kommen hier auf dumme Gedanken. Kümmern Sie sich lieber um Ihren Zucker, und lassen Sie Ihre Schwiegermutter aus dem Spiel!«

7. *Nachforschen, ausfragen* (analysieren): »Warum war denn das Verhältnis zu Ihrer Schwiegermutter so schlecht? Was ist denn da passiert?«

8. *Aktiv werden, etwas unternehmen* (pragmatisch vorgehen): »Jetzt ist doch das Wichtigste, daß wir den Zucker wegkriegen!«

Seltener hört man folgende Bemerkung:

9. *Einfühlen* (emphatisch reagieren): »Daß das Verhältnis zu Ihrer Schwiegermutter so schlecht war, plagt Sie immer noch, und Sie denken sogar, daß Sie deswegen krank geworden sind.« Patient: »Ja, das beschäftigt und bedrückt mich immer wieder.«

Erfahrungsgemäß wird der Berater oder Helfer um so mehr Ratschläge erteilen, interpretieren und bewerten, je weniger er die Haltung des einfühlenden Verstehens verwirklicht. Je mehr einfühlendes Verstehen er äußert, desto weniger verfällt er diesen genannten Lastern der Gesprächsführung. – Der Gesprächspsychotherapeut verhält sich also non-direktiv.

Ein *ähnlicher Grundsatz* gilt seit Jahrhunderten *auch in der geistlichen Führung*. Der heilige Ignatius gibt in seinem Exerzitienbuch die Anweisung, daß es innerhalb der geistlichen Übungen beim Suchen des göttlichen Willens weit angemessener und besser sei, daß Gott sich dem Betreffenden selbst mitteilt, als daß der geistliche Führer ihm sagt, was für ihn richtig ist. Der geistliche Führer gleicht einer Waage, die zu keiner Seite hinneigen soll, d. h. die den Übenden nicht nach der einen oder anderen Seite beeinflussen darf[13].

Kann diese therapeutische Grundhaltung gelernt werden? Während die beiden anderen Haltungen, die weiter unten beschrieben werden, in einer

[13] *A. Haas* (Hrsg.), Ignatius von Loyola, Geistliche Übungen. Freiburg 1975, 19.

Ausbildung im eigentlichen Sinn nicht trainierbar sind, kann einfühlendes Verstehen bis zu einem gewissen Grad durch Übung gelernt werden. Allerdings hat kein Punkt der Gesprächspsychotherapie zu mehr Mißverständnissen geführt als diese erste Grundvariable.

R. Tausch, der schon genannte Initiator der Gesprächspsychotherapie in Deutschland, hatte diese Grundhaltung ursprünglich »Verbalisierung emotionaler Erlebnisinhalte« genannt. Er hat sich in der neuesten (7.) Auflage seines Buches »Gesprächspsychotherapie« von dieser Formulierung distanziert, weil diese Bezeichnung vielfach mißverstanden und das Geschehen zu sehr von außen gesehen wurde. Dies hat zu vielen Fehldeutungen geführt, besonders als man versucht hat, die Gesprächspsychotherapie als Technik für Gesprächsführung praktisch anzuwenden. Einfühlendes Verstehen wurde dabei entstellt zu einem echoartigen Nachsprechen der Äußerungen des Gesprächspartners – und dies sollte schon eine »Verbalisierung emotionaler Erlebnisinhalte« sein. Deshalb wurde diese Formulierung fallengelassen.

Für *Rogers* selbst wurde »widerspiegeln« inzwischen zu einem Wort, das ihn dazu brachte, »den Kopf einzuziehen«, wenn er es hörte, so oft wurde es mißverstanden. Die ganze Methode wurde nach einigen Jahren zu sehr als eine Technik angesehen. Non-direktive Therapie, wurde behauptet, sei eine Technik des Widerspiegelns von Gefühlen des anderen. Eine noch üblere Karikatur war: In der non-direktiven Therapie wiederholt man die letzten Worte, die der Klient gesprochen hat.

Enttäuscht über die verzerrte Darstellung seiner Methode schrieb *Rogers* ein paar Jahre fast nichts mehr über einfühlendes Verstehen. Im Laufe der Jahre jedoch häuften sich die Untersuchungsergebnisse und sie führten ihn zu dem Schluß, daß *ein hoher Grad an Einfühlung in einer Beziehung möglicherweise der einflußreichste Faktor*, ganz sicher einer der wichtigsten Faktoren ist, der zur Verbesserung der Beziehung und zum inneren Fortschritt der Persönlichkeit führt[14]. Einfühlung bleibt also eine wichtige Reaktion des Helfers. Aber *das Entscheidende* muß immer *die echte innere Haltung des Beraters* sein: die Haltung eines wirklich einfühlenden, nicht-wertenden Verstehens.

Wie man dieses den Klienten spüren läßt, muß aus dem jeweiligen Augenblick des Gesprächs herausfließen. Der Berater ist frei, seine Persönlichkeit einzubringen. Oft kann z. B. ein betroffenes Schweigen mehr einfühlendes Verstehen ausdrücken als eine Verbalisierung des Erlebnisinhaltes. Entscheidend ist, daß der andere sich wirklich verstanden fühlt.

[14] *C. R. Rogers,* Eine neue Definition von Einfühlung, in: *P. Jankowski u. a. (Hrsg.),* Klientenzentrierte Psychotherapie heute. Berichte über den I. Europäischen Kongreß für Gesprächspsychotherapie in Würzburg vom 28. 9. bis 4. 10. 1974. Göttingen 1976, 34.

Jeder Mensch hat das Bedürfnis nach Anerkennung und Wertschätzung. Das Fehlen dieser emotionalen Zuwendung war in der persönlichen Vergangenheit des Patienten und ist im Augenblick des Gesprächs die Ursache vieler emotionaler Schwierigkeiten im Klienten.
Deshalb ist *positive Wertschätzung die Grundvoraussetzung für ein helfendes Gespräch.* Die erste Grundhaltung, einfühlendes Verstehen, fördert das Gespräch nur dann, wenn der andere gleichzeitig spürt, daß der Berater Achtung und Ehrfurcht vor ihm hat und ihm sorgend und mit echter Anteilnahme zugewandt ist. Wenn sich der Gesprächspartner dagegen vom Berater innerlich abgelehnt fühlt, wenn der Berater nur oberflächlich freundlich ist, dann ist die Wahrscheinlichkeit sehr gering, daß dieses Gespräch sich förderlich auswirkt.
Deshalb ist dies die entscheidende Frage, die sich jeder Therapeut oder Berater vor einem helfenden Gespräch selber stellen sollte: Habe ich Respekt vor meinem Gesprächspartner? Mag ich ihn wirklich? Oder lehne ich ihn heimlich ab? Nehme ich wirklich Anteil an seinen Sorgen?[15]
Die Wertschätzung soll *unbedingt* sein, d. h. der andere muß das Gefühl haben, daß er sich die Achtung des Beraters nicht erst durch ein ihm gefälliges Verhalten erwerben muß – dies wäre nur eine bedingte Wertschätzung –, sondern er muß das Gefühl haben, daß der Gesprächspartner ihn annimmt und Ehrfurcht hat vor seiner Person, auch wenn er sich als schlechter Mensch fühlt und nicht an Gott glauben kann.
Achtung und unbedingte Wertschätzung zu haben heißt natürlich nicht, sämtliche Ideen und Gefühle des anderen moralisch für gut erklären, sondern meint, daß man den Menschen akzeptiert, der sich einem anvertraut. Er darf sein, wie er ist und wie er sich selbst erlebt.
Der Berater heißt seine Wünsche und Gedanken weder für gut noch lehnt er sie ab. Ob sie gut oder schlecht sind, braucht vorläufig nicht entschieden zu werden. Der Berater nimmt den anderen an, auch dort, wo er schwach ist und wo er sich schlecht fühlt. Dadurch erfährt er, was Annahme und Liebe bedeuten. Je mehr er diese Annahme und Wertschätzung erfährt, desto eher wird er sich selbst annehmen können.
Aber Achtung – Wärme – Sorge sind nur dann echt und damit wirksam, wenn es sich nicht bloß um ein äußeres Verhalten handelt, sondern wenn Anteilnahme tatsächlich im Helfer vorhanden ist – und das läßt sich nicht erzwingen.
Oft gelingt einem dies nicht. Man bemüht sich dann, wirkliche Anteilnahme durch Redewendungen, Lächeln oder durch ein freundliches Gesicht zu ersetzen. Aber der andere spürt die Wahrheit. Wenn er keinerlei Achtung,

[15] *Tausch* 1978, a. a. O. 1940.

Wärme und Anteilnahme erfährt, wird sich dieses Gespräch nicht sehr förderlich für ihn auswirken[16].
Eine solche Haltung kann nicht trainiert werden; sie ist nicht in einem Kurs erlernbar, sondern sie ist das Ergebnis eines langjährigen Reifungsprozesses. Eine solche Reife kommt aber nicht von selbst, sondern sie ist auch Ergebnis eines ständigen Mühens.
Echte zwischenmenschliche Begegnungen oder eine gute Gemeinschaft werden diesen Reifungsprozeß sehr stark fördern. Ein Seelsorger wird vielleicht durch seine tägliche Schriftmeditation bzw. dadurch, daß er sich immer vollkommener mit der Gesinnung Christi identifiziert, in diese Haltung hineinwachsen.
Was aber ist, wenn man diese Haltung gegenüber einem anderen, dem man helfen soll, nicht hat? Zunächst sollte man sich seine negativen Gefühle gegenüber dem anderen bewußt machen und sie annehmen, denn das hilft in vielen Fällen etwas weiter. Ein bißchen Anteilnahme und Wertschätzung wird wohl in den allermeisten Fällen vorhanden sein. Wenn aber der Berater wirklich überhaupt keine Achtung und Anteilnahme und Wärme empfindet, was man sich bei einem Seelsorger, der täglich im Neuen Testament meditiert, kaum vorstellen kann, dann sollte man den Betreffenden auf einen anderen Berater verweisen.

Echtheit und innere Übereinstimmung des Helfers

Die bisher beschriebenen Grundhaltungen sind fruchtlos, wenn der Berater nicht gleichzeitig auch die dritte Haltung verwirklicht, die nun beschrieben werden soll.
Gesprächspsychotherapeutische Beratung ist nur dann wirkungsvoll, wenn sie weder als Trick noch als Werkzeug angewendet wird; sie muß echt sein. *Der Klient muß den Therapeuten als echte, mit sich übereinstimmende Person erleben.*
Das Gegenteil davon wäre Unechtheit, Fassadenhaftigkeit und innere Nichtübereinstimmung. Das ist immer dann der Fall, wenn sich das äußere Verhalten des Therapeuten von seinem inneren Erleben und Fühlen unterscheidet und wenn er nach außenhin eine Fassade lebt, die nicht seinem Inneren entspricht, wenn er z. B. nach außenhin freundlich, innerlich gelangweilt ist. Dadurch kommt der Klient nicht in Kontakt mit einer realen Person, nur mit einer höflichen Fassade[17]. Es kommt keine echte Ich-Du-Beziehung zustande, sondern nur eine Begegnung zwischen einer professionellen Maske und einem hilfesuchenden Klienten. Dieser bleibt allein in seiner inneren Einsamkeit, weil keine lebendige Begegnung von Person zu

[16] *Tausch* 1978, a. a. O. 1940.
[17] *Tausch* 1978, a. a. O. 1943.

Person stattfindet. Eine wirkliche Beziehung, die allein schon heilend wäre, kommt nicht zustande.
Echtheit – innere Übereinstimmung bedeutet: Das Verhalten des Beraters stimmt mit seinem inneren Erleben, Fühlen und Denken überein. Sein Verhalten ist wahrhaftig.
Daraus ergibt sich, daß ein therapeutisches Gespräch hohe menschliche Anforderungen an den Therapeuten oder Helfer stellt. Wer kann sie überhaupt erreichen?
Man muß sich darüber im klaren sein, daß diese nur selten vollkommen erreicht werden. Sie sind deshalb mehr als Ziel zu verstehen, das man anstreben sollte.
Außerdem gehört zur Echtheit, daß sich der Berater auch mit seinen Unvollkommenheiten in die Beziehung einbringen darf. Er braucht keinen perfekten Berater vorzuspielen, sondern darf seine Unvollkommenheit ruhig zeigen. Das schützt vor Überforderung. Andererseits muß von einem Therapeuten oder Seelsorger schon ein Mindestmaß an menschlicher Reife gefordert werden, sonst ist er als Berater unfähig.

3. Psychologische Prozesse, welche die positive Veränderung bewirken

Was geschieht bei einer Person, wenn jemand ihre innere Erlebniswelt einfühlend zu verstehen sucht und ihr das Verstandene ohne Wertung und Kritik echt und mitsorgend wiedergibt?

Selbstkonfrontation

Einfühlendes Verstehen wirkt zunächst wie ein Spiegel. Durch das fortwährende verständnisvolle Eingehen des Therapeuten auf die innere Welt des Klienten wird dieser mit sich selbst konfrontiert und nimmt sich wie in einem Spiegel realistischer wahr. Er beginnt, sich selbst zu erforschen, und gewinnt immer mehr Klarheit darüber, wer er eigentlich ist. Er setzt sich mit sich selbst auseinander und gelangt zu einer größeren Selbsterkenntnis.
Viele Untersuchungen zeigen, daß einfühlendes Verstehen die Selbstexploration des Gesprächspartners in Gang setzt. Der Klient kommt dadurch in tieferen Kontakt mit seiner eigenen Person und seiner wirklichen Erlebnis- und Gefühlswelt[18].

[18] *Tausch* 1978, a. a. O. 1915 f.

Es gibt einige Anzeichen dafür, wann sich der Klient mit sich selbst konfrontiert und sich aktiv mit seinem Erleben und Selbst auseinandersetzt und beginnt, sich positiv zu verändern, z. B. wenn er allmählich immer mehr über persönlich bedeutsame Inhalte spricht. Während er vorher über Randprobleme gesprochen und über unwesentliche Dinge geredet hat, kommt er nun zum Kern. Er spricht jetzt auf einmal auch über Dinge, die ihm unangenehm und peinlich sind, über seine Schwächen und Schwierigkeiten. Er äußert zunehmend Erfahrungen und Gefühle, die er anfangs nicht wahrgenommen hat, weil sie nicht in sein Selbstkonzept paßten. Er ist gefühlsmäßig stark beteiligt; er zeigt seinen Ärger, er weint und es kommt leicht zu heftigen Gefühlsausbrüchen[19].

Das alles sind Anzeichen dafür, daß er nun die innere Realität besser wahrnimmt.

Selbstexploration bzw. Selbstkonfrontation ist der Vorgang, der am meisten mit konstruktiven Veränderungen am Ende der Gesprächspsychotherapie zusammenhängt.

Daraus ergibt sich, was das Material des therapeutischen oder beratenden Gesprächs sein muß.

Die Bedeutung des inneren Erlebens

Ausgangspunkt und Grundlage für ein helfendes Gespräch, wie überhaupt für jede positive Veränderung eines Menschen, sind nicht Idealvorstellungen über gesundes Menschsein, also keine äußeren Maßstäbe, sondern das konkrete Erleben, wie es im Augenblick empfunden wird.

Dies ist ein *uralter Grundsatz der geistlichen Führung*[20]. Auch der geistliche Führer achtet darauf, daß sein Klient nicht von einem Vollkommenheitsideal ausgeht, sondern von seinen Wünschen, Sehnsüchten und Bedürfnissen. Der geistliche Führer verhilft ihm dazu, wieder in Fühlung zu kommen mit seinem wirklichen Erleben. Oft haben Riesenansprüche oder Idealvorstellungen diesen lebendigen Kontakt verstellt. Doch wenn die Verbindung zu den konkreten Bedürfnissen und Sehnsüchten verlorengegangen ist, wird das geistliche Leben starr und unfruchtbar. Es verliert an Lebendigkeit und macht pharisäisch hochmütig.

Auch im geistlichen Leben muß man zu seinen natürlichen Erfahrungen, Bedürfnissen und Sehnsüchten hinabsteigen. Dort strömt unser wirkliches Leben. Dort, auf unserer Natur, baut auch die Gnade auf, wie ein alter theologischer Grundsatz lautet. Nur so ist ein gesundes Wachsen und Reifen im geistlichen Leben möglich.

[19] *Tausch* 1978, a. a. O. 1920.

[20] siehe *A. Louf,* Demut und Gehorsam. Münsterschwarzacher Kleinschriften Nr. 5.

Wieviel mehr gilt dieser Grundsatz für das gewöhnliche menschliche Reifen! Will man einen Menschen verstehen, dann muß man von seiner individuellen Erlebniswelt ausgehen; denn sie ist für ihn die Realität. Diese innere Realität bestimmt auch sein ganzes Verhalten oder Fehlverhalten, Erleben oder Leiden, je nachdem, ob sie verzerrt oder realistisch wahrgenommen wird. Dem anderen die »wahre Realität« vorzuhalten, nützt nicht viel. Wir reagieren nicht auf eine absolute Realität, sondern auf unsere individuelle Wahrnehmung dieser Realität. »Wir leben nach einer wahrnehmungsmäßigen Landkarte, die nie die Realität selbst ist, aber sie bestimmt unser Verhalten«[21]. Unser Verhalten ändert sich von selbst, wenn sich unsere Wahrnehmung der Realität ändert.

Wie kann der Klient die Wirklichkeit realistischer wahrnehmen? Der Therapeut fördert diesen Prozeß dadurch, daß er verständnisvoll auf die innere Wahrnehmungswelt des anderen eingeht und sie zu verstehen sucht; das regt den Klienten seinerseits an, sie besser zu verstehen. Wenn die Wahrnehmung der Realität nun realistischer und unverzerrter ist, wird das Verhalten und Erleben von selbst gesünder und realistischer. Eine Ursache vieler mißlungener Beratungsgespräche ist, daß wir den anderen von unserem oder von einem allgemeinen Bezugssystem her zu verstehen suchen. Aber wir können das Verhalten des anderen erst dann richtig verstehen, wenn wir es so sehen, wie er es selbst erlebt[22]. Jeder Mensch ist selbst der einzige, dem die innere Erfahrung vollständig bekannt ist. Deshalb kann nur er allein sicher erkennen, was für ihn jetzt richtig ist, und ob er sich innerlich stark genug fühlt, dies jetzt zu tun. Der Therapeut legt in den Klienten das Vertrauen, daß er selbst fähig ist zu erkennen, was für ihn jetzt das Richtige ist. Er hat Respekt vor seiner individuellen Eigenart und hütet sich davor, ihn zu vereinnahmen. Er kann geduldig warten, bis der andere sich selbst zutraut, sich zu entscheiden.

Diese Fähigkeit zur Selbstverantwortung ist bei vielen Menschen verschüttet. Aber sie kann wieder geweckt werden. Das Verhalten des Therapeuten, die Gesprächsatmosphäre, das verständnisvolle Eingehen auf die innere Erlebniswelt des anderen, fördert dieses Wachstum. Es ist eine Grundannahme der Gesprächspsychotherapie, die sich bisher bestätigt hat, daß *jeder Mensch selbst die Fähigkeit hat zu entscheiden, was für ihn im Augenblick richtig ist*. Jedes Individuum hat in sich gewaltige Hilfsquellen, sich selbst besser zu verstehen und sich selbst zu ändern. Da diese Veränderungsfähigkeit bei vielen Menschen blockiert ist, muß sie wieder freigelegt werden. Diese Veränderungsfähigkeit des Menschen beruht auf einer natürlichen Kraft des Organismus. Jeder Organismus hat die Tendenz, sich selbst zu aktualisieren, d. h. sich in Richtung auf mehr Reife zu bewegen. Eine solche Richtungstendenz ist schon im biologischen Bereich festzustellen. Sie

[21] *Rogers* 1978, a. a. O. 420.
[22] *Rogers* 1978, a. a. O. 427.

durchzieht das Leben des Individuums von der Empfängnis bis zur Reife. Dies trifft für unbewußte organische Prozesse zu, wie auch für menschliche und intellektuelle Funktionen.

Diese Grundannahme der Gesprächspsychotherapie wurde häufig in Frage gestellt. Dennoch muß man zugeben, daß dieses Potential des Individuums, selbst zu entscheiden, was für es gut und richtig ist, oft unterschätzt wird. Sie ist vielfach unterentwickelt. Aber auch dann, wenn sich aufgrund von verschiedenen Umständen nichts mehr von diesem Wachstum zeigt, darf man noch darauf vertrauen, daß diese Tendenz gegenwärtig ist[23].

Diese Tendenz wieder freizulegen, ist eine der Aufgaben des Gesprächspsychotherapeuten. Die Voraussetzung dafür ist eine psychologische Atmosphäre des Angenommenseins und der unbedingten Wertschätzung von seiten eines echten, mit sich selbst identischen Menschen. Etwas Ähnliches ist wiederum von der geistlichen Führung her bekannt. Der *heilige Ignatius* war davon überzeugt, daß der Übende davon ausgehen darf, daß in den Daten seiner inneren Erfahrung (den »motiones«) die Impulse für sein geistliches Wachstum liegen. Im Gesamt seiner inneren und äußeren Situation sind die Anrufe Gottes enthalten, die das geistliche Wachstum einleiten und fördern. Der Übende geht davon aus, daß das Gesamt der »motiones« so geartet ist, daß es einen Impuls bzw. eine Hilfe für den Heilsweg bietet[24].

Geistliche Führung besteht im Wesentlichen darin, dem anderen zu helfen, daß er sich in seinen eigenen Erfahrungen besser zurechtfindet und darin den Willen Gottes erkennt.

Nicht die Erfahrungen des geistlichen Führers sind maßgeblich, sondern allein die des Übenden. Alles andere würde die individuelle freie Entwicklung des anderen beeinträchtigen.

Auch der Psychotherapeut darf auf eine vorwärtsbewegende Tendenz des menschlichen Organismus vertrauen. Er verhält sich deshalb nicht-vereinnahmend, non-direktiv.

Aber es wäre ganz falsch anzunehmen, daß der Organismus reibungslos auf Wachsen und Selbsterhöhung hinstrebt. Man müßte korrekter sagen: Der Organismus bewegt sich durch Kampf und Schmerz zur Erhöhung und zum Wachstum. Der Therapeut begleitet dieses Wachsen und stellt sich ganz auf die Seite seines Klienten, ohne ihn zu vereinnahmen.

[23] *Rogers* 1978, a. a. O. 422 ff.

[24] *A. Görres,* Über die Gewissensprüfung nach der Weise des Ignatius von Loyola, in: An den Grenzen der Psychoanalyse. München 1968, 161 f.

4. Der christliche Aspekt des Seelsorgegesprächs

Es wurde oft gefragt, ob es bei einem Seelsorgegespräch genügt, die drei genannten therapeutischen Grundhaltungen zu verwirklichen, und ob man seine Glaubensinhalte heraushalten solle.
Bei einem rein therapeutischen Gespräch genügt es, wenn der Therapeut dem Klienten als nicht-wertend einfühlende, als respektvoll-warm sorgende und echt-innerlich übereinstimmende Person begegnet und als solche vom Klienten erfahren wird. Es wurde gezeigt, daß die genannten Grundhaltungen die notwendigen und zugleich hinreichenden Bedingungen für ein therapeutisches Gespräch sind[25].
Ein Seelsorgegespräch wird sich in vielen Fällen weiterentwickeln,
1. weil im Klienten selbst – allein schon durch die Begegnung mit dem Seelsorger – religiöse Erlebnisinhalte geweckt werden und
2. weil der Seelsorger seinerseits besonders sensibel diese Art von Erlebnisinhalten wahrnehmen und verstehen kann. Diese Offenheit und Sensibilität für religiöse Erlebnisinhalte ist bei einem Therapeuten, der weltanschaulich neutral zu sein versucht, erschwert.
Auch der weltanschaulich neutrale Psychotherapeut versucht die tiefere Botschaft der Äußerungen des Klienten herauszuhören. Nichts anderes versucht der Seelsorger beim Seelsorgegespräch.
Viele Seelsorgegespräche führen auch zu jener tieferen Wirklichkeit, an der wir Anteil haben. Wie von selbst führen viele Seelsorgegespräche zu jener allgemeinen Grundverfassung menschlichen Daseins hin, die sich im Erleben irgendwie widerspiegelt.
Und darum dreht sich doch letztlich alles Bemühen der klienten-zentrierten Gesprächspsychotherapie: daß der Betreffende seine Wirklichkeit realistischer wahrnimmt. Der therapeutische Prozeß führt mehr zur Wirklichkeit hin – auch zu den Tatsachen, die gerne verdrängt oder nicht zur Kenntnis genommen werden, besonders die Grenzen unserer menschlichen Existenz. Der Klient bekommt unter dem Beistand des Therapeuten den Mut, seine illusionären Lebenserwartungen abzubauen und seiner Lebenswirklichkeit ins Auge zu schauen, die oft recht hart sein kann, z. B. bei einem Krebskranken, in Ehekrisen, bei beruflichem Scheitern.
Und das ist ein wesentliches Ziel des Seelsorgegesprächs, daß der Betreffende den Mut bekommt, jene allgemeine Grundverfassung menschlichen Daseins klar zu sehen und zur Kenntnis zu nehmen, und diese Grundverfassung ist: daß *menschliches Leben endliches und ständig durchkreuztes und bedrohtes Leben* ist.
Besonders die Lebenskrisen tragen diesen Verweis in sich: sie verweisen wie von sich aus auf diese allgemeine menschliche Grundverfassung.

[25] *Tausch* 1978, a. a. O. 1945f.

Diese Erkenntnis ist in der Tat für jeden Menschen eine heilsame Wahrheit, nur wird diese Wahrheit oft durch Ablenkung oder Zerstreuung verdrängt und überspielt. Trotzdem haben viele Menschen das Bedürfnis, diese Wahrheit zu finden und darüber zu reden, nur finden sie oft keinen Menschen, mit dem sie darüber reden können.
Ein solches Gespräch wird sich in vielen Fällen noch weiterentwickeln zu einem Seelsorgegespräch im engeren Sinn.
Da der Seelsorger in der Beziehung zum Klienten echt bleiben muß, kann er seine Glaubensüberzeugung nicht heraushalten. Er wird seine christliche Lebensdeutung anbieten, wenn der Frage-Horizont des anderen danach »ruft«. Aber was der Seelsorger an religiösen Inhalten einbringt, muß ein gelebter Teil seiner inneren Überzeugung, also echt sein. Wenn er z. B. einen Schwerkranken mit der Auferstehung Christi tröstet, dann muß er selber einer sein, der vom Leiden und von der Auferstehung Christi betroffen ist. Das Gegenteil davon wäre das Einbringen von allgemeinen, dogmatischen Lehrsätzen in Form eines unpersönlichen Predigens.
Außerdem muß der Beitrag des Seelsorgers partner-zentriert bleiben, d. h. darauf abzielen, dem anderen zu helfen, sein momentanes Leben besser zu verstehen; er muß also zum Fragehorizont des anderen passen. Das Gegenteil davon wäre ein Beitrag, der den Gesprächspartner aus seinem Erlebnisfluß hinauswirft und ihn beim Suchen eigener Lösungen irritiert[26].
Der Seelsorger wird sich auch hüten, seinem Klienten vorschnell Auswege aus seiner Situation anzugeben, die dieser als verfahren beschreibt. Besser ist es, mit ihm zusammen im Dunkeln zu bleiben, bis ihm selber ein »Licht« aufgeht. Auf dieses »Licht« dürfen beide vertrauen, der Klient und der Seelsorger. Für sie beide gilt die Aufforderung: »Ihr aber sollt euch nicht Rabbi nennen lassen; denn nur einer ist euer Meister« (Mt 23,8).
Diesen »Meister« in uns wahrzunehmen und auf seine Anregungen einzugehen, ist eine sowohl psychotherapeutische als auch christliche Aufgabe.

[26] *A. J. Hammers,* Gesprächspsychotherapeutisch orientierte Seelsorge, in: *J. Scharfenberg* (Hrsg.), Freiheit und Methode. Freiburg 1979, 97.

Konrad Baumgartner

THEOLOGISCHE ASPEKTE DES SEELSORGEGESPRÄCHS

Vorbehalte gegen die Pastoralpsychologie

Unter Seelsorgern und Theologen gibt es eine durchaus verstehbare Skepsis gegenüber dem Einbezug psychologischer Methoden in die theologische Ausbildung und in die pastorale Praxis. Viele befürchten eine »Verpsychologisierung« der Seelsorge und damit eine Verleugnung ihrer eigentlichen Aufgabe. Sie beklagen die Flucht in dic Psychologic aus mangelnder Glaubenssubstanz, eine Vergötzung von Erkenntnissen der Soziologie oder Psychologie zu Lasten einer fundierten Theologie und der Bemühung um persönliches spirituelles Wachstum.
Solche Vorbehalte sind dann berechtigt, wenn im Zeichen des Helfens Menschen sich selbst als Heilbringer aufspielen und die Rat- und Hilfesuchenden in unverantwortlicher Weise an sich binden, wenn »ein Mensch zum bloßen Objekt einer Untersuchung, zum Gegenstand des Experimentierens und Ausprobierens gemacht« wird, oder wenn »die Theologie ihr Proprium verrät und sich in Anthropologie, Psychologie und Soziologie auflöst«.[1] Die psychologischen Erkenntnisse müßten also so integriert werden, »daß sie zur Entfaltung der menschlichen, beruflichen und gläubigen Identität (sc. der Seelsorger) beitragen ... und nicht zu einem Alibi für den eigentlichen geistlichen Auftrag werden.«[2] Aus den vielschichtigen Problemen einer »Theologie des Seelsorgegesprächs«[3] soll hier nur ein sehr begrenzter Ausschnitt vorgestellt werden.

1. Jesu Verhalten als Maßstab der pastoralen Gesprächsführung

Wenn der »Maßstab für christliches Handeln die selbstlose Hinwendung Jesu zu den Menschen« ist, »in der die Hinwendung Gottes zum Menschen endgültig sichtbar geworden ist«[4], so wird dieser Maßstab zum entscheiden-

[1] *H. Stenger,* Zur Problematik der Pastoralpsychologie, in: Theologie der Gegenwart 20 (1977) 79–88; vgl. auch Deutsche Gesellschaft für Pastoralpsychologie, Zur Situation der Pastoralpsychologie in der Bundesrepublik Deutschland. Tübingen 1978.
[2] *Stenger,* ebd. 83.
[3] Wichtige Hinweise dazu geben *R. Bärenz* (Hrsg.), Gesprächsseelsorge. Theologie einer pastoralen Praxis, Regensburg 1980, und *J. F. Sandberger* (Hrsg.), Zur theologischen Begründung der Beratung, in: Wege zum Menschen 28 (1976) Heft 4.
[4] Synodenbeschluß »Ziele und Aufgaben kirchlicher Jugendarbeit«, in: Gemeinsame Synode I. Freiburg-Basel-Wien 1976, 293 f.

den Kriterium der Frage, ob und wie humanwissenschaftliche Erkenntnisse, in unserem Fall aus dem Bereich der Gesprächspsychologie, in unser seelsorgerliches Handeln, speziell in das Seelsorgegespräch, hereingenommen werden können.

Jesus-Begegnungen als Heils-Erfahrungen

Aus den Evangelien ist uns eine Fülle von Situationen bekannt, in denen Jesus Gespräche mit Menschen führte, die Heilung an Leib oder Seele, oft auch an beidem suchten. Er tritt mit diesen Menschen in eine Beziehung, er schafft eine Atmosphäre des Vertrauens und der Glaubensbereitschaft, die oft in Nachfolge einmündet, und dann wirkt er in der Kraft Gottes Heil und Heilung. »Was Evangelium heißt, wird in diesen Erzählungen nie in einer Predigt abgehandelt, sondern ereignet sich in der Art, wie Jesus auf seinen Partner eingeht ..., in der Begegnung läßt Jesus ihn ›Evangelium‹ (Frohbotschaft) erfahren, denn er zeigt ihm, wie er sich und seine Mitmenschen von Gott her, der durch Jesu Wort und Verhalten in die Welt hineinwirkt, neu verstehen und erleben kann.«[5]

An diesen Gesprächssituationen, die zu Heilung und Heil führen, lassen sich zwei Momente unterscheiden: das inhaltliche Sprechen Jesu und sein Verhalten. Wir könnten auch sagen: das heilbringende Wort und das beziehungstiftende Verhalten. Die Qualität dieser Beziehungsebene in Gesprächssituationen soll uns hier näher interessieren – als Beurteilungskriterium für die von der Pastoralpsychologie so sehr betonte Beziehungsebene des Seelsorgegesprächs. Einige Begegnungserzählungen aus dem Mattäus-Evangelium seien deshalb unter diesem Aspekt näher besehen.

In zwei Szenen des 9. Kapitels, bei der Heilung des Gelähmten und bei der Heilung einer kranken Frau, nimmt Jesus die offensichtliche Angst und die Gefühle der Hoffnungslosigkeit der beiden auf: »Mach dir keine Sorgen, mein Sohn, (bzw.) meine Tochter!« Die Angstminderung und die familiäre Ansprache (für eine jüdische Frau unvorstellbar, von einem Rabbi so angeredet zu werden!) bauten zu Jesus hin eine Beziehung des Vertrauens und des Glaubens. – An vielen Stellen des Evangeliums wird vom Mitleid Jesu

[5] *A. Steiner – V. Weymann,* Jesusbegegnungen. Basel-Zürich-Köln 1977, 15. – Diese Erzählungen lassen sich form- und gattungsgeschichtlich als »Gesprächs- und Konfliktgeschichten« bezeichnen; ein festes literarisches Schema ist in diesen Begegnungen nicht festzustellen. So *K. Kertelge,* Suchen, was verloren ist, in: *Bärenz*, a. a. O. 53. – Ob die Gespräche des Johannes-Evangeliums eine »›Johanneische Konzeption‹ des Seelsorgegesprächs als Glaubenshilfe« zulassen *(Bärenz* 85 und 102), darf aus theologischen und kommunikationstheoretischen Gründen bezweifelt werden. Vgl. *E. R. Küsow,* in: Handbuch der Praktischen Theologie III (Berlin-Ost 1978), 150: »Daß die früher als typisch seelsorgerlich angesehenen Gespräche Jesu mit Nikodemus und der Samariterin im Grunde Illustrationen oder Allegorien für kerygmatische Aussagen des vierten Evangeliums sind, weiß jeder Exeget heute.«

gesprochen, das er mit den Müden und Erschöpften hatte, »die wie Schafe ohne Hirten sind« (9,36) und die »unterwegs zusammenbrechen könnten vor Hunger« (15,32), oder das ihn überkam, als er dem hilflosen Blinden begegnete (20,32). Er stellte sich auf die Seite der kananäischen Frau, welche die Jünger wegschicken wollten (15,23), und der Kinder, die gleichfalls nicht zu Jesus zugelassen werden sollten (19,14). Ähnlich nimmt er Stellung gegen die Jünger, welche die Salbung durch die Frau in Bethanien als Verschwendung aburteilen: »Was macht ihr der Frau Vorwürfe?« (26,8). Jesus schafft durch sein Verhalten, sein Entgegenkommen, durch sein einfühlendes Verstehen und die Tiefe und Vorbehaltlosigkeit seiner Zuwendung die Voraussetzung dafür, daß die Menschen seine Einladung annehmen können: »Kommt alle zu mir, die ihr euch plagt und unter Lasten stöhnt. Ich werde euch Ruhe verschaffen. Nehmt mein Joch auf euch und lernt von mir; denn ich bin gütig und selbstlos. So werdet ihr in eurem Herzen Ruhe finden« (Mt 11,28f). Welche Begegnung vermöchte dies mehr zu verdeutlichen, als das Verhalten Jesu im Gespräch mit der Ehebrecherin, das als lösendes Gespräch (»auch ich verurteile dich nicht«) und als brüderliches Gericht (»Geh und sündige von jetzt an nicht mehr«) wohl eine der anschaulichsten Lobpreisungen des Erbarmens Gottes im Neuen Testament darstellt (Joh 8,1–11).

Die theologische Bedeutung des Verhaltens Jesu

Mit diesen Hinweisen soll nun keineswegs »Jesus als Psychotherapeut« vorgestellt oder gar »Jesu Menschenbehandlung als Modell moderner Psychotherapie« ausgegeben werden, wie uns *Hanna Wolff* in ihrem Buch glaubhaft machen möchte.[6] Wohl aber kann man von einer »therapeutischen Wirksamkeit Jesu« in dem Sinne sprechen, daß Jesus durch seine Reden und Handlungen den »angetroffenen Menschen von den oft tiefliegenden Blockierungen befreite, die ihm ein offenes, von Zuversicht erfülltes und zum Handeln bewegendes Gottesverhältnis verstellten«.[7] Jesu Verhalten in Begegnungssituationen und seine Art, Beziehungen zu den Menschen aufzunehmen und sie auf Glauben und Nachfolge hin fruchtbar zu machen, sind also theologisch zu werten. Jesus hat alle, die sich in leiblichen und / oder seelischen Nöten an ihn gewandt haben, als »durch Gott Gerufene angesehen – und das bestimmte seine Haltung ihnen gegenüber ... In-

[6] *H. Wolff*, Jesus als Psychotherapeut. Jesu Menschenbehandlung als Modell moderner Psychotherapie. Stuttgart 1978. – Vgl. die Rezension von *W. Möhler* in: Kat Bl 104 (1979) 667f.

[7] *H. Kahlefeld*, Jesus als Therapeut, in: Conc 10 (1974) 678–681. – Diese »Befreiung in ein lebendiges Gottesverhältnis« stellt sich als bleibende Aufgabe für den pastoralen Dialog, als »Erschließung der durch Gott angesprochenen Existenz« (681).

dem er zu ihnen ging, zeigte er, daß er stehen wollte, wo sie standen, und daß er sie, über alle Vorurteile erhaben, bejahte.«[8] Wo immer der Docht des Vertrauens und des Glaubens im Menschen noch am Glimmen war, löschte er ihn nicht aus durch Abweisung oder Verurteilung, sondern entfachte ihn zur Flamme der Hoffnung und des Heiles (vgl. Mt 12,20 bzw. Jes 42,3).

Die Furcht, abgewiesen zu werden, die Angst, nicht angenommen zu werden, »beherrscht die seelsorgerliche Situation (heute genau) so, wie sie die Beziehung der Menschen zu Jesus beherrschte. Die ›Frohe Botschaft‹, die Verkündigung des Evangeliums soll die Gewißheit bringen, daß man nicht abgewiesen, sondern gerufen ist ... Diese Bejahung macht echte Verkündigung und echte Seelsorge erst möglich. Ohne sie bleibt es bei bloßer Unterrichtung.«[9] Bei Jesus entsprach die Qualität der Beziehung zu den Menschen der Qualität seiner Botschaft an sie. Sein Wort vom gütigen, verzeihenden und erbarmenden Gott war durch und durch getragen vom Aufbau einer annehmenden, zuwendenden, einfühlend-verstehenden Beziehung. Dies bedeutet: »Jesus bringt Gott als Heil für die Menschen zur Sprache. Sein Gott ist ein Gott, der den Menschen Beachtung schenkt ... Er gibt in seiner Lebenspraxis dem Reich Gottes ein konkretes Gesicht: durch seinen Einsatz für Wohlbefinden, für das Heil-Sein ... des Menschen. Wo er erscheint, verschwindet die Angst, sowohl die Lebensangst als auch die Todesangst, befreit er die Menschen und gibt sie sich selbst zurück ... (und zwar) in froher Gebundenheit an den lebendigen Gott ... Jesu sorgendes Verweilen bei den Menschen und seine Zuwendung zu Menschen wurde als Heil von Gott erfahren ... In dieser konkreten Jesuserscheinung können Verkündigung, Praxis und Person nicht voneinander getrennt werden.«[10]

Wenn wir versuchen, die Grundsätze einer gesprächstherapeutisch orientierten Seelsorge (emotionale Wärme; positive, bedingungslose Wertschätzung; Echtheit und Selbstkongruenz) im Zusammenhang der »Praxis Jesu« theologisch zu werten, so können wir gewisse Analogien feststellen: »Das Sicheinlassen des Seelsorgers auf das Erleben des Partners ... stellt eine gewisse Analogie zum Heilsweg Christi dar, der ›für uns Menschen und um unseres Heiles willen vom Himmel herabgestiegen‹ und damit mit uns solidarisch geworden ist ... die Haltung der positiven Wertschätzung und emotionalen Wärme ... ist für den Christen die Verwirklichung der Agape, in der der andere um seiner selbst willen angenommen wird. Dadurch wird sie

[8] *H. Faber – E. van der Schoot,* Praktikum des seelsorgerlichen Gesprächs. Göttingen [5]1974, 90.

[9] Ebd.

[10] *E. Schillebeeckx,* Jesus. Die Geschichte von einem Lebenden, Freiburg-Basel-Wien 1975, 126, 135, 178, 194 und 189.

zum Zeichen für die bedingungslose Liebe Gottes zum Sünder«, die der »echte« Seelsorger in seiner Person nachvollzieht.[11]
Viele Menschen unserer Tage bedürfen erst dieses Zeichens: »Ehe sie nicht durch eine existentielle Begegnung mit einem anderen begnadet worden sind, kann sie die christliche Botschaft weder erreichen noch befreien. Eine helfende (annehmende) Beziehung ist ein Ort, an dem diese Gnade Fleisch wird ... (eine solche Seelsorge) sieht im geistlichen Wachstum das wesentliche Ziel ... dem Pastoranden (soll) die Beziehung zu Gott und dem Nächsten von neuem sinnvoll und bestimmend werden.«[12] Oder anders gesagt: Das Motiv solch seelsorglichen Handelns »ist unmittelbar in der Menschwerdung Gottes in Jesus Christus abgebildet. Seine Menschwerdung ist für die Sicht des Glaubens ein eindeutiges Signum dafür, daß diese Schöpfung trotz aller Zerrissenheit und trotz aller Zwietracht auf Kommunion und Kommunikation angelegt ist.«[13]

Folgerungen für das Seelsorgegespräch

Wir haben festgestellt: In Jesus Christus sind verkündigter Glaube und gelebte Beziehung eine unüberbietbare Einheit: Wort und Werk und Person sind nicht voneinander zu trennen. In der Kirche allerdings und in jedem einzelnen Christen klaffen Verkündigung und Verwirklichung des Evangeliums oft weit auseinander: die Beziehungsebene ist vielfach gestört oder defekt.[14] Unsere sündhafte Existenz schafft diese Kluft. Nur in dem Maß, als wir in uns menschliche und geistliche Störfaktoren beseitigen, vor allem indem wir uns dem Heilshandeln Gottes öffnen, werden wir christusförmig, kommt in uns der verkündigte und der in Beziehungen gelebte Glaube zu immer größerer Einheit.
Die Feststellung, daß »es zu den schwersten Störungen der Kommunikation gehört, wenn sich die Inhalts- und Beziehungsebene in ihrem Mitteilungsgehalt widersprechen«[15], gilt auch für die Seelsorge. Wenn wir darum zwischenmenschliche Beziehungsstörungen bekämpfen und »für das Gelingen

[11] *A. J. Hammers,* Gesprächspsychotherapeutisch orientierte Seelsorge, in: *J. Scharfenberg* (Hrsg.), Freiheit und Methode. Wege christlicher Einzelseelsorge. Göttingen-Wien 1979, 83–101, hier 90–92.
[12] *H. J. Clinebell,* Modelle beratender Seelsorge. München-Mainz 1971, 31, 26.
[13] *R. Riess,* Zur theologischen Begründung der seelsorgerlichen Beratung, in: Wege zum Menschen 28 (1976) 136–139, hier 138.
[14] Dazu *R. Guardini:* »Verglichen mit dem, was Christus tut, wenn er zum Menschen kommt, ist die Weise, wie der Mensch zum Menschen kommt, Diebstahl, Raub, Gewalttat, Mord ... All das steckt auch im Weisen ... im Prediger ... im Vorgesetzten ... im Gesetzgeber ... im Richter ... in allen. Einer nur ist frei davon, von Grund aus. Einer nur redet aus der reinen Wahrheit, aus der wirklichen Liebe, aus der lauteren Zuwendung: Christus. Er ist die Türe, durch die es zum Menschen geht. Nur Er!« (Der Herr. Würzburg 1940, 193f.)
[15] *Hammers* 87.

von Beziehungen Sorge tragen, so geschieht es aus Sorge um die Reinheit und Transparenz des Mediums für die Erfahrung Gottes«. Die Hereinnahme von empirisch-wissenschaftlichen Erkenntnissen in das seelsorgerliche Handeln ist motiviert aus dem Ethos, das »Handeln des beziehungswilligen Gottes zu spiegeln und aus dem Bestreben, das Medium ›Beziehung‹ für die Glaubenserfahrung mehr und mehr transparent zu machen«.[16] Aber nicht nur mißlingende Beziehung auf seiten des Seelsorgers soll durch die Hereinnahme von gesprächspsychologischen Momenten deutlich gemacht, reduziert oder beseitigt werden. Auch auf seiten der Pastoranden verstellen gestörte Beziehungsstrukturen das Fruchtbarwerden der Botschaft des Evangeliums. Hilfen zur Konfliktlösung, zur Identitätsfindung und zu einem versöhnten Leben stehen deshalb mit im Blickpunkt der Gesprächsseelsorge.

Das hindert nicht, daß Offenbarung und Glaube grundsätzliche Kategorien des seelsorglichen Gesprächs sind. »Der Seelsorger kann seine Identität als Christ und seinen Verkündigungsauftrag als kirchlicher Vertreter nicht ständig raushalten, also sich nur auf Beziehungstheologie beschränken ... (Er soll) die christlichen Deutungsmuster als Hilfe für die Strukturierung und Sinnbewältigung ... anbieten. Allerdings muß sich dieser Versuch an zwei Bedingungen orientieren:«[17]

a) Nicht als »Überbau«, sondern als echte Hilfe (nicht moralisieren, verallgemeinern, verharmlosen);

b) »das, was der Seelsorger von sich aus an Theologie einbringt, muß ein gelebter Teil seiner eigenen Überzeugungen, also echt sein« (keine allgemeinen »objektiven« dogmatischen oder moralischen Grundsätze, oder bloßes »Anpredigen«).

Bei dieser »Echtheit« oder »christlichen Identität« des Seelsorgers geht es im Grunde um den spirituellen Habitus der Christusförmigkeit: das verkündigte Wort und das christliche Verhalten müssen zusammenstimmen. Sie müssen vor allem in Gebet und Betrachtung, durch Exerzitien und im geistlichen Gespräch immer neuen Tiefgang erhalten. Die tägliche Christusbegegnung gibt unserem seelsorglichen Bemühen jene Tiefe, aus der heraus wir den Menschen glaubwürdig werden. Theologisches Studium, Spiritualität und pastorales Bemühen wachsen hier zur Einheit zusammen. So kommt die eigentliche Wirksamkeit des seelsorglichen Gesprächs nicht aus angelernten Techniken, sondern aus dem geistlichen Habitus.[18] »Der geistlich gefestigte Seelsorger weiß, daß das Leben seines Pastoranden in

[16] *H. Stenger,* Beziehung als Verkündigung. Zur Rolle der Pastoralpsychologie in der Seelsorge, in: *J. M. Reuß* (Hrsg.) Seelsorge ohne Priester? Zur Problematik von Beratung und Psychotherapie in der Pastoral. Düsseldorf 1976, 73–90, hier 75.

[17] *Hammers* 97.

[18] *Bärenz* benennt in ausgezeichneter Weise »Geistliche Grundbedingungen« und »Menschlich-psychologische Voraussetzungen« (S. 114f.).

Wirklichkeit in der Hand Gottes liegt, nicht in seiner eigenen. Der heilige Geist und nicht er selbst ist der Tröster.«[19]

Diese Perspektive sollte uns in unserem pastoralen Handeln begleiten: »Wie sehr es auch wichtig ist, daß beim Zeugnis für die Liebe Gottes der eigene Einsatz gefordert ist, so schafft er allein doch nicht die Erlösung, sondern bahnt die Kanäle für die Gnade Gottes. Das Wort von den unnützen Knechten ... wirkt recht verstanden ausgesprochen entlastend für den Seelsorger, da er in ihm die Gewißheit findet, nicht allein gelassen zu sein und alles aus eigener Kraft tun zu müssen ... Die Annahme seiner Grenzen gibt ihm Gelassenheit und schützt ihn vor der Gefahr der ständigen Überforderung. Dadurch kann er anderen geben, was er hat, und wird zugleich bereit, sich von Gott und den Menschen helfen und beschenken zu lassen.«[20]

2. Das Seelsorgegespräch als geistliche Interaktion

Einseitige Rollenzuweisungen

Das seelsorgliche Gespräch will einen Raum von Vertrauen, Liebe und Glauben schaffen, in dem der Ratsuchende offen wird, den Anspruch des Evangeliums zu hören, und bereit, auf seine Weise darauf zu antworten, offen für ein lebendiges Gottesverhältnis und ein aus christlichem Geist gestaltetes Leben.

Diese hohe Zielvorstellung und die in der Pastoralpsychologie zu Recht geltend gemachte qualifizierte Kompetenz des Seelsorgers könnten den Eindruck eines überdimensionierten Subjekt-Objekt- oder eines einseitigen Spender-Empfänger-Verhältnisses erwecken: hier der Seelsorger als Verkünder, als Glaubenszeuge, der »aus der Mitte seiner Person heraus das Evangelium ›auslegt‹, der seinem Partner die Möglichkeit eröffnet, die Botschaft Christi ... nicht nur zu hören, sondern auch augenscheinlich zu erleben«, wodurch »der Seelsorger nicht in seinem eigenen Namen und Auftrag, sondern im Namen und Auftrag des Geistes Gottes spricht ... und das pastorale Gespräch somit im letzten eine Zwiesprache zwischen Gott und den Menschen ist, in dem der Seelsorger die Rolle des Dolmetschers übernimmt«.[21] Eine solche Theologie der Gesprächsseelsorge hypostasiert in einseitiger Weise die Rolle des Seelsorgers ins Absolute hinein. Damit wird die spezifische Dimension der Glaubenskommunikation als geistliches Dialoggeschehen (im Unterschied zur Verkündigungssituation der monologi-

[19] *W. E. Oates,* zitiert nach *Clinebell* 254, A. 59.

[20] *Hammers* 88f.

[21] So *Bärenz,* a. a. O. 92. – »Das Seelsorgliche Gespräch setzt somit in einzigartiger Weise den gottmenschlichen Glauben Jesu Christi gegenwärtig« (ebd.).

schen Rede – und selbst diese ist noch virtueller Dialog) ausgeblendet. Zudem entsteht der fatale Eindruck, als würde der Pastorand eine bloß passive Empfängerrolle spielen gemäß der klerikalistisch verengten pastoralen Theorie von Seelsorge als einer klerikal-laikalen Subjekt-Objekt-Beziehung.

Pastorales Austauschgeschehen

Gerade und vor allem im Seelsorgegespräch geht es aber um einen gegenseitigen Austausch, im menschlichen wie im geistlichen Bereich. Wenn irgendwo in der Seelsorge, dann gilt für das pastorale Gespräch: »Die pastorale ›Spiegelung des Handelns Gottes‹ (*Hermann Stenger*) erscheint uns heute nicht mehr als einseitige Subjekt-Objekt-Beziehung, sondern als spezifisch christliche Form einer zwei- bzw. mehrseitigen helfenden Beziehung ..., so daß der Seelsorger (Pastor) und diejenigen, die ihn als solchen beanspruchen (Pastoranden), sich miteinander in einem Austauschverhältnis wechselseitigen Gebens und Nehmens befinden.«[22]
Dies gilt natürlich vor allem für das sog. Geistliche Gespräch als »eine im Wort geschehende Begegnung glaubender Menschen, bei der der Mensch selbst in seiner individuellen Ganzheit oder ein existentiell wichtiges Thema in der Weise zur Sprache kommt, daß der Mensch mit seinen persönlichen Tiefenschichten daran beteiligt ist«, ein Gespräch, in dem man sich selbst und das Leben des anderen gemeinsam aus dem Glauben zu verstehen bemüht ist, in dem »das Wort des anderen die geistliche Erfahrung des andern, seine Deutung des Daseins so sehr zu meinem Leben gehört, daß sie geradezu ein ›geistliches Existential‹ wird«.[23] In diesem dialogischen Austausch von Glaubenden öffnet sich die geistliche Beziehung auf Gott hin. Vielleicht mag man an dieser Stelle einwenden: Die Seelsorgegespräche unseres Alltags atmen kaum diese wechselseitige geistliche Atmosphäre und die Inhalte der Gespräche sind zumeist sehr weltlich. Dagegen ist ein Zweifaches zu sagen: »Themen völlig ›weltlicher‹ Art können zu einem bewegten seelsorgerlichen Gespräch hinführen, während ›Glaubensfragen‹ und theologische Themen mitunter dazu dienen können, dem Wesen eines seelsorgerlichen Gesprächs zu entrinnen ... Das Spezifische eines seelsorgerlichen Gesprächs liegt also darin, daß alle Lebensfragen, auch die ›ge-

[22] *H. Schilling,* Geben und Nehmen. Ökonomische Aspekte der pastoralen Beziehung, in: Theologie der Gegenwart 23 (1980) 43–49, hier 44.

[23] *F. G. Friemel,* Geistliches Gespräch als Heilsgeschehen. Anthropologische und theologische Bemerkungen, in: Diakonia 5 (1974) 16–20. – Im geistlichen Gespräch »tauscht man sich über die Erfahrungen aus, die man in seinem Umgang mit Gott gemacht hat ... es geht also (darin) immer um etwas, das mit Gott zu tun hat ... es geschieht im Geist des Gebetes, man kann sogar sagen: im Heiligen Geist« (*K. Tilmann,* Das geistliche Gespräch. Würzburg 1956, 10f).

wöhnlichen‹ Dinge mit dem Evangelium konfrontiert und in das Licht des Glaubens gestellt werden.«[24] Zum anderen könnten und sollten die Begegnungen und Gespräche für den Seelsorger im Sinne der »révision de vie« geistliche und pastorale Impulse bedeuten, so daß auch er dadurch zum Empfangenden wird.

Geistliche Gesprächspartnerschaft

Hinter einer solchen Sicht des Seelsorgegesprächs als einer interpersonalen Grundrelation von Subjekt zu Subjekt steht nicht nur die Tatsache, daß allein schon psychologisch gesehen das Gespräch konstituiert wird vom Prozeßcharakter des Wortaustausches und von der wechselseitigen non-verbalen Gefühlsrelation. In christlicher Perspektive ist hier davon zu sprechen, daß jeder der Gesprächspartner möglicher (und meist tatsächlicher) Träger des Geistes Gottes ist: durch Taufe und Firmung. So ist »die Gegenwart des Heiligen Geistes in der menschlichen Beziehung der geistlichen Aussprache nicht bloß ein frommer Gedanke, sondern eine persönliche, tätige Dimension«.[25] Gott ist also im Seelsorgegespräch auf beiden Seiten am Werk: »Er hat dem Seelsorger durch dessen ›Klienten‹ vielleicht genauso viel und genauso Wichtiges zu sagen wie dem ›Klienten‹ durch den Seelsorger.«[26] Als Seelsorger muß ich mir also stets neu bewußt werden, daß jeder Getaufte den Geist Jesu Christi in sich trägt, daß auch er ein »Geistlicher« ist. »Wo ich so mit einem anderen, mag er noch so jung und unerfahren sein, glaubend zusammenkomme, vermögen wir beide – vielleicht auf sehr verschiedene Weise – die Nähe Gottes zu erfahren und stückweise seinen Willen und unsere Berufung zu erkennen.«[27]

So gesehen geht es im Seelsorgegespräch um die Begegnung von Menschen im Geiste Gottes, um ein geistliches Dialoggeschehen. Für den Pastoranden bedeutet dies die lebenswichtige Grunderfahrung: Ich darf mich von Gott und von Menschen so angenommen wissen, wie ich bin, ohne Vorurteil und ohne Verurteilung. Dem Seelsorger als dem »Fachmann der Innenwelt« (*Goldbrunner*) aber ist es Mahnung und Entlastung zugleich: Ich muß und

[24] *E. van der Schoot,* Praktikum des seelsorgerlichen Gesprächs 127.

[25] *J. Garcia-Monge,* Das geistliche Gespräch und die Therapie, in: Conc 10 (1974) 647. – Vgl. *K. H. Schelkle,* Ihr alle seid Geistliche. Einsiedeln 1964.

[26] *D. Stollberg,* Wenn Gott menschlich wäre ... Auf dem Wege zu einer seelsorgerlichen Theologie. Stuttgart 1978, 39. – *Faber* weist darauf hin, wie wenig die europäische evangelische Theologie die Lehre vom heiligen Geist im Hinblick auf die Seelsorge ausgearbeitet hat, während die amerikanische Theologie, wenn auch bei mangelhafter theologischer Durchdringung des Problems, dem Werk des heiligen Geistes eine besonders große Rolle zuweist (Praktikum des seelsorgerlichen Gesprächs 95).

[27] *G. Heinemann,* Das Glaubensgespräch im Blick auf Berufung, in: Das Wirken des Geistes deuten. Würzburg 1979, 59.

darf mit der Geistbegabung meines Gesprächspartners rechnen, mit dem Potential seiner Lebens- und Glaubenserfahrungen, aber auch mit überraschenden Einsichten und Umwandlungen des Herzens, die menschlich nicht »machbar« sind. Seine geistliche Aufgabe ist und bleibt es, die Kommunikation des Gesprächspartners mit dessen Erleben zu erleichtern und um eine gemeinsame Sinngebung und Wegfindung im Licht des Glaubens bemüht zu sein.

Feier der Versöhnung im Heiligen Geiste

Ein dialogisches Austauschgeschehen »im Heiligen Geiste« bildet in besonderer Dichte die sakramentale Interaktion der »Feier der Versöhnung«.[28] Sie ist eine Rückkehr zu Christus und zum Heiligen Geist, schon der Aufbruch des sündig gewordenen Christen ist vom Heiligen Geist gewirkt. Als Vorbereitung für den Dienst der Versöhnung soll der Priester zum Heiligen Geist um Erleuchtung und Liebe beten. Er braucht die Gabe der Unterscheidung der Geister, wodurch er das Wirken Gottes im Herzen der Menschen erkennt: »Sie ist eine Gabe des Heiligen Geistes und die Frucht der Liebe«. Und erst recht weisen die Handausstreckung bzw. -auflegung und die Lossprechungsworte hin auf die Geistmitteilung und Geistausgießung zur Vergebung der Sünden. Aber auch Reue und Umkehrbereitschaft beim Beichtenden sind geistgewirkt. Aus der Kraft des Geistes »wirkt der Gläubige, der Buße tut, entscheidend am Sakrament mit ... So feiert er ... zusammen mit dem Priester den Gottesdienst der sich ständig erneuernden Kirche« (OP Nr. 11).

3. Das Seelsorgegespräch und seine Zuordnung zu den Grunddiensten der Kirche

Seelsorge in der Nachfolge Jesu und als Begegnung mit den Menschen im Glauben an das Wirken des Geistes ist der Kirche zu allen Zeiten aufgegeben. Kirche als »Sakrament des Geistes« vollzieht ihr Wesen und ihre Sendung, indem sie Zeichen und Werkzeug ist für die Einheit und den Frieden unter den Menschen und Völkern durch ihre Einheit mit Gott.[29] Sosehr dies eine fundamentale und perspektivische Aussage ist und sowenig diese in verengter Weise esoterisch oder privat-mystisch zu verstehen ist, so voll-

[28] Vgl. die Pastorale Einführung und die einzelnen Kapitel des »Ordo paenitentiae«.

[29] Vgl. II. Vat. Konzil: Lumen gentium 9, 48, 59; Liturgiekonstitution 26; Pastoralkonstitution 42, 45. – Zum Thema vgl. *W. Kasper,* Die Kirche als Sakrament des Geistes, in: *ders.-G. Sauter,* Kirche – Ort des Geistes. Freiburg 1976, 14–55.

zieht sich doch eben diese sakramentale Wirklichkeit in allen Wirkformen der Kirche, in der Kommunial- wie in der Individualpastoral, auch und nicht zuletzt im Seelsorgegespräch.
Seelsorge als Gespräch hat dabei in unseren Tagen, wie *Bärenz* eindrucksvoll aufzeigt, die Bedeutung eines »kairologischen Ortes heutiger Pastoral« gewonnen, »in dem sich sinn-deutend und not-wendend eine adäquate Vermittlung zwischen der Botschaft Jesu und der konkreten Lebenssituation des Menschen ereignen kann«.[30] Gerade in unserer Situation, in »einer ›Gesellschaft wachsender Beziehungslosigkeiten‹ und ›institutioneller Zwänge‹ wird das Angebot von Kommunikation zu einem unverzichtbaren Dienst, den die Kirche zu erfüllen hat und mit dem sie selbst für viele zum Zeichen der Hoffnung wird.«[31] Ja, man wird sagen dürfen: für viele Mitchristen, vor allem der Kirche kritisch gegenüberstehende Menschen kann im Seelsorgegespräch Kirche als Sakrament des Geistes erfahrbar werden: als dialogische Mission.[32]

Das Seelsorgegespräch als Verkündigung oder/und Diakonie?

Es ist nicht bloß eine theoretische Fragestellung, sondern von durchaus theologischer, aber auch pastoraler Bedeutung, wenn wir versuchen, das Seelsorgegespräch in seinem Verhältnis zu den Grunddiensten der Kirche (Verkündigung, Liturgie, Diakonie, Gemeindebildung) einzuordnen. Bekanntlich ist in der evangelischen Praktischen Theologie die Alternative »Seelsorge als Verkündigung oder Lebenshilfe« zu einer theologischen wie pastoralen Positionsbezeichnung geworden. Dabei hat sich freilich gezeigt, daß weder die dezidierte Sicht von Seelsorge als »Ausrichtung des Gnadenwortes an den sündigen Menschen« und damit als »Spezialfall der Predigt« (*Thurneysen*) ohne einfühlendes Eingehen auf die Situation des Gesprächspartners hilfreich ist[33], noch der völlige Rückzug auf »Seelsorge als Psychotherapie im kirchlichen Kontext« (*Stollberg*), in der die religiöse Dimension nur zur Sprache kommt, wenn der Pastorand sie anspricht.[34]

[30] *Bärenz,* a. a. O. 83.

[31] *Kertelge,* in: *Bärenz* 58.

[32] Die Grundsätze einer solchen »dialogischen Mission« hat *Johannes Paul II.* in »Redemptor hominis« (Nr. 12: »Der Auftrag der Kirche und die Freiheit des Menschen«) dargelegt: »Die missionarische Verhaltensweise beginnt immer mit einem Gefühl der Hochachtung vor dem, was ›in jedem Menschen‹ ist ... vor allem, was der Geist in ihm gewirkt hat ... Die Mission ist niemals Zerstörung, sondern Aufnahme vorhandener Werte und Neuaufbau«).

[33] *Faber:* »Der Pastor wird hier als Fachmann gesehen, der den anderen aus seiner Distanz heraus ansieht und beurteilt und dann das Messer ansetzt. Von einem Beim-anderen-Stehen ist keine Rede. Nur von einem Den-anderen-Mitnehmen« (Praktikum 93).

[34] »Das seelsorgerliche Gespräch kann von zwei Seiten her bedroht werden: Einerseits dadurch, daß man direkte Verkündigung sucht, die nicht auf die Situation des anderen eingeht. Andererseits dadurch, daß man auf der nur-psychologischen Ebene stehenbleibt« (*Van der Schoot* 221).

Die Angst, auch nur irgendwie »direktiv« werden zu können, hat manchem psychologisch eingestellten Seelsorger den Mut zu einem situations- und personbezogenen Glaubenszeugnis genommen. »Das Sprechen vom Wort Gottes ist (aber) etwas anderes als das, was *Rogers* unter ›directive-Sein‹ versteht.«[35]

Inzwischen wird von kompetenter Seite mit Entschiedenheit darauf verwiesen, daß »in der neuen Sicht der Gesprächstherapie *Rogers* (seit 1967) die aktuelle Beziehung zwischen den beiden Partnern als das Wesentliche herausgestellt wird ... Im vornehmlich nicht-direktiven Konzept war es bislang sehr schwierig, der Glaubensdimension den ihr gebührenden Platz einzuräumen (womit man weder der Rolle des Seelsorgers noch den Erwartungen der Gesprächspartner noch dem biblischen Glaubensverständnis als Orientierungs- und Lebenshilfe gerecht wurde) ... Mit der Erkenntnis der Relevanz von Bedeutungsstrukturen im Beratungsprozeß tut sich eine Möglichkeit auf, den religiösen Bedeutungsaspekten der Realität und des Erlebens einen adäquaten Stellenwert zukommen zu lassen.«[36] Damit wird eine situations- und personorientierte Verkündigung als Dialoggeschehen im Seelsorgegespräch möglich und notwendig zugleich. Freilich gelten die bereits oben genannten Voraussetzungen: menschliche und geistliche Echtheit (allgemein: berufliche und persönliche Identität); Bezug der religiösen Aspekte auf den gegenwärtigen Fluß des Erlebens und Relevanz der religiösen Thematik für die Verarbeitung der anstehenden Probleme; vorausgegangene erlebte Bemühung um Annahme und Verstehen. »Bevor die Liebe Gottes explizit verkündet wird, muß vorher oder zumindest zugleich im Verhalten des Seelsorgers spürbar werden, daß er seinen Partner akzeptierend und liebevoll behandelt.«[37]

Damit wird deutlich: Es geht beim Seelsorgegespräch nicht um die Alternative »Verkündigung oder Lebenshilfe«, nicht um den Gegensatz von Wort- oder Tatverkündigung, sondern um die Vermittlung von beidem in der gemeinsamen dialogischen Suchbewegung nach der »Glaubenshilfe als Lebenshilfe«.[38] Das Seelsorgegespräch enthält das Moment der Verkündigung, wenn man, in einem sehr weiten Verständnis, »alle Kommunikationsvorgänge« darunter versteht, »die den Glauben zu begründen oder zu vertiefen vermögen«[39]; es ist Diakonie, wenn es als »freier Dienst« der Kir-

[35] Ebd. 98.

[36] *A. J. Hammers,* Neuere Entwicklungen in der klientenzentrierten Gesprächspsychotherapie und ihre Bedeutung für die Seelsorge, in: WzM 30 (1978) 147–158.

[37] Ebd. 158.

[38] Vgl. *H. Tacke,* Glaubenshilfe als Lebenshilfe. Probleme und Chancen heutiger Seelsorge. Neukirchen 1975. (»Seelsorge ist praxisbezogene Vermittlung des Evangeliums in Form eines freien Gesprächs, in dem die Seelsorge Gottes zur Sprache kommt. Das seelsorgerliche Ziel besteht in der Hilfe zum Glauben, so daß der Glaube sich als Lebenshilfe erweisen kann«, 32).

[39] *E. Bartsch,* in: Pastorale, Verkündigung. Mainz 1970.

che an den Notleidenden begriffen und geübt wird. In der Verbindung von beiden Aspekten, »bewährt sich solche Seelsorge darin, daß sie die kleinen Hoffnungen der vielen einzelnen in ihrer konkreten Alltagswelt mit der großen Hoffnung, die Jesus mit seiner Verkündigung der Kirche eingestiftet hat, zu verbinden vermag. Dadurch behebt sie die Verlorenheit des einzelnen, ohne seine Personalität und Individualität zu mißachten.«[40]

Das Seelsorgegespräch und die sakramentale Wirklichkeit

Die Betonung von »Seelsorge als Gespräch« hat bei evangelischen Theologen in den vergangenen Jahren zuweilen zu überschwenglichen Hoffnungen und optimistischen Erwartungen geführt, die Kommunikation und zwischenmenschliche Beziehung programmatisch zu neuen Heilsbegriffen gemacht und zu geradezu sakramentaler Mächtigkeit erhoben haben.[41] Für die katholische Praktische Theologie aber stellt sich das Problem: Wie lassen sich Seelsorgegespräch und Sakrament einander zuordnen? Denn nach ihrem Verständnis gibt es pastorale Situationen, in denen das Sakrament zum Thema des Gesprächs (z. B. Tauf- oder Traugespräch) oder zur Erfüllung des Gesprächs wird (z. B. Beichtgespräch). Ist im ersteren Fall die Zuordnung noch relativ problemlos, so ist im letzteren Fall, dem Beichtgespräch, die Frage nach dem »Anteil« des Gesprächs am sakramentalen Geschehen wesentlich komplizierter. Immerhin steht die fruchtbare Wirkung des Versöhnungs-Sakramentes entscheidend im Zusammenhang des »opus operantis«, von seiten des Spenders wie des Empfängers. Es kann beispielsweise durch das geistliche Gesprächsbemühen die Reue des Beichtenden gefördert und vertieft werden; oder die brüderliche Annahme durch den Priester kann zum leibhaften Symbol der Begegnung mit dem versöhnenden Christus werden. Damit soll nicht die entscheidende Verankerung des sakramentalen Geschehens im Wirken Gottes und im Handeln der Kirche in Abrede gestellt werden. Aber die Frage der »geistlichen Kompetenz« des Spenders wird damit in hohem Maße theologisch und pastoral relevant. Im Grunde steht hier immer noch eine verantwortbare »Theologie der Kommunikation«, auch im Kontext der Sakramententheologie, aus. Wort und Sakrament, Gespräch und Sakrament werden somit zu aktuellen Problemfragen des Dialogs zwischen Systematischer und Praktischer Theologie, mehr noch: des ökumenisch-theologischen Dialogs. Vielleicht bietet »die vielgestaltige Einbindung der Sakramente in den Kontext der Pneumatologie (in Entwürfen der evangelischen Theologie), die sich mit neue-

[40] *Kertelge,* a. a. O. 66.
[41] Vgl. die kritischen Passagen bei *Tacke* 12–20.

ren Bewegungen des katholischen Denkens trifft«[42], oder auch das Verstehensmodell der Sakramente als »kommunikative Handlungen«[43] einen Gesprächsansatz.

Konsequenzen für die Praxis des Seelsorgegesprächs

Versuchen wir abschließend eine Zuordnung der Grunddienste der Kirche für den konkreten Vollzug des Seelsorgegesprächs.

Faber und *van der Schoot* unterscheiden bekanntlich zwei Phasen des Seelsorgegesprächs: eine mehr therapeutisch-poimenische Phase, in welcher der Pastorand Annahme, emotionale Wärme und vorbehaltlose Zuwendung erfährt, und eine zweite, prophetische Phase, in der es »um den Aufruf zur Bekehrung, um die Ermahnung und die Verheißung von Trost und Vergebung geht.«[44] *Piper* benennt vier Phasen des seelsorgerlichen Gesprächs: »Das Aussprechenlassen, die Erhellung der Gefühle, die Konfrontation mit dem, in dessen Auftrag sich der Seelsorger dem anderen zur Verfügung stellt, und die ›Integration‹, so daß der andere nun freier in die Zukunft sehen und gehen kann.«[45]

Im Blick auf die Grundvollzüge kirchlichen Handelns könnte eine »diakonische Grundhaltung« des Seelsorgers für den gesamten Verlauf des pastoralen Gesprächs postuliert werden, in welcher sich positive Wertschätzung, emotionale Wärme und einfühlendes Verstehen realisieren. Dadurch bahnt sich im menschlichen und geistlichen Bereich »Koinonia«, ein echtes Wir-Gefühl an. Erst auf dieser zweifachen Grundlage kann sich die Öffnung für ein Wort-Antwort-Geschehen im Glauben, für ein geistliches Dialog-Geschehen auf beiden Seiten ereignen (Dimension der »Verkündigung«). Und daraufhin wird die gemeinsame liturgische bzw. sakramentale Feier möglich und sinnvoll.

Dies bedeutet z. B. für das Seelsorgegespräch am Krankenbett: sowohl das Wort vom mitgehenden, tröstenden und erlösenden Gott wie das Gebet oder die Einladung zur Christusbegegnung in den Sakramenten müssen

[42] *A. Schilson,* Das Sakrament als Problem protestantischer Theologie in: HK 34 (1980) 133–138, hier 138.

[43] Vgl. *P. Hünermann,* Sakrament – Figur des Lebens, in: *R. Schaeffler-P. Hünermann,* Ankunft Gottes und Handeln des Menschen. Freiburg 1977, 51–87. – Schon 1976 wurden beim Symposion der deutschsprachigen Pastoraltheologen ansatzhaft solche Probleme angesprochen im Zusammenhang der Frage nach einer praktisch-theologischen Theorie der Sakramente (so besonders von *R. Zerfaß* und *M. Josuttis*). Vgl. deren Beiträge, in: Pastoraltheologische Informationen 1976, Folge 4.

[44] *Faber-van der Schoot* 89.

[45] *H. Chr. Piper,* in: *Faber-van der Schoot* 233–237. – Man könnte nach *Garcia-Monge* mehr »Dimensionen« als »sukzessive Etappen« des Gesprächs unterscheiden (a. a. O. 648).

aufruhen können auf der vorausgehenden und anhaltenden Erfahrung von Mitmenschlichkeit, menschlicher Anteilnahme und Einfühlung im seelsorgerlichen Gespräch.

4. Christusbegegnung als umgreifendes Ziel des Seelsorgegesprächs

So wird durch das Gespräch im Seelsorger Christus als Bruder erfahrbar, der in letzter Solidarität zu den Menschen steht – aus einer letzten Bindung an Gott, seinen Vater. So wird für den Mitchristen die Einladung Jesu verstehbar: »Kommt alle zu mir, die ihr euch plagt und unter Lasten stöhnt. Ich werde euch Ruhe verschaffen. Nehmt mein Joch auf euch und lernt von mir. Denn ich bin gütig und von Herzen demütig. So werdet ihr Ruhe finden für eure Seele. Denn mein Joch drückt nicht, und meine Last ist leicht« (Mt 11,28–30). Dies ist die grundlegende Aufgabe der Kirche in all ihrem Tun: »Den Blick des Menschen, das Bewußtsein und die Erfahrung der ganzen Menschheit auf das Geheimnis Christi zu lenken und auszurichten, allen Menschen zu helfen, mit dem tiefen Geheimnis der Erlösung, die in Jesus Christus sich ereignet, vertraut zu werden.«[46] Oder, um es mit der bekannten Kurzformel des Glaubens von *Johann Michael Sailer* zu sagen: Es geht um die Begegnung mit »Gott in Christus – dem Heil der Welt.«

[46] *Johannes Paul II.,* in: Redemptor hominis, Nr. 10.

DER SEELSORGER BEIM HAUSBESUCH

1. Erfahrungen von Seelsorgern

(Joseph Pfeiffer)

Der folgende Bericht stellt eine Zusammenfassung der Gesprächsäußerungen von mehreren hundert Priestern bei den eingangs genannten Pastoralkonferenzen dar. Die Fragen wollten dem Erfahrungsaustausch dienen.

Bitte, tauschen Sie Ihre persönlichen Erfahrungen aus über unser Thema.

Am Schluß des gesamten Erfahrungsaustausches stand die Frage nach dem seelsorgerlichen Nutzen eines Hausbesuches. Wenngleich, wie so oft in der Seelsorge, ein Erfolg nicht meßbar ist, bringt der Hausbesuch immer einen doppelten »Gewinn«. Zunächst ist er eine Chance, einen ersten, wenn auch oft nur losen Kontakt mit dem einen oder anderen zu erhalten. Leider ist es meist kaum möglich, die Verbindung in der Folgezeit zu pflegen und zu vertiefen. Sodann erfährt der Priester, wenn er hinhören kann, welche Probleme die Menschen im letzten bewegen. So kann er in der Glaubensverkündigung und pastoralen Planung lebensnah bleiben. Insofern ist der Hausbesuch keine verlorene Zeit, sondern ein echter Gewinn für die Seelsorge.

Wie schätzen Sie die Bereitschaft in der Gemeinde gegenüber dem Hausbesuch des Priesters ein?

Im allgemeinen sind die Leute über den Besuch des Priesters erfreut, zumindest begegnen sie ihm höflich. Allerdings sind die Erwartungen, die der Priester an den Besuch knüpft, nicht immer deckungsgleich mit denen der Besuchten.

Welche Anlässe nehmen Sie für Hausbesuche wahr?

In nicht wenigen Fällen ist der Priester aufgrund seiner seelsorgerlichen Aufgaben zu einem Hausbesuch geradezu verpflichtet. Dies gilt vor allem für den Besuch der kranken sowie gehbehinderten alten Menschen. In die-

sem Zusammenhang darf man wohl auch das Taufgespräch nennen, das mit der Einführung des neuen Taufritus verpflichtend geworden ist. Sehr oft führt es der Priester mit den Eltern des neugeborenen Kindes in deren Wohnung.
In den letzten Wochen vor der Erstkommunionfeier rufen viele Seelsorger die Eltern der Erstkommunikanten nicht bloß zu Elternabenden zusammen, sondern besuchen sie auch zu Hause. Vereinzelt geschieht dies auch vor der Firmung.
Beim Todesfall kommt der Priester nicht nur vor dem Begräbnis in das Trauerhaus, um den Ablauf der Beerdigung zu besprechen. Viel notwendiger erscheint ein Besuch einige Wochen nach dem Tod eines Angehörigen zu sein, wenn die Lücke, die der Tod gerissen hat, voll und ganz in das Bewußtsein der Hinterbliebenen tritt.
Der Besuch bei neuzugezogenen Gemeindemitgliedern schafft erste Kontakte. Allzuleicht wird aber übersehen, daß sich auch die langjährigen Mitarbeiterinnen und Mitarbeiter in der Pfarrei über den Besuch ihres Pfarrers freuen und dies als Zeichen der Anerkennung ihrer Dienste werten.
Gern reiht sich der Pfarrer bei Jubiläen und Familienfesten in die Schar der Gratulanten ein. Es wird aber auch nicht ausbleiben, daß er in Konfliktsituationen die eine oder andere Familie aufsuchen muß.
Manche althergebrachte Kollekte (Flachs, Eier) ist zwar heute außer Übung gekommen. Unter Umständen muß aber doch dann und wann der Pfarrer selber von Haus zu Haus gehen, um Spenden für größere kostspielige Maßnahmen in seiner Pfarrei zu erbitten.
Relativ selten ist es heute noch möglich, systematisch alle Katholiken Straße für Straße zu besuchen. Die Gründe werden im folgenden genannt.

Wo liegen für Sie die Hauptprobleme des Hausbesuches?

Problem Nr. 1 ist die Zeit. Dabei ist weniger der Zeitmangel auf seiten des Priesters gemeint. Ihm könnte durch einen Helferkreis in etwa abgeholfen werden. Bedrängender ist vielmehr die Frage, zu welcher Tageszeit die Familienangehörigen anzutreffen sind. Die Berufsarbeit außer Haus verweist zunächst auf die Abendstunden. Diese aber sind häufig durch das Fernsehen besetzt. Allzu leicht wird der Besucher als Störenfried empfunden, vor allem, wenn er unangemeldet an die Türe kommt. Eine Ankündigung des Besuches dürfte deshalb in der Regel anzuraten sein. Da aber auch der Seelsorger am Abend durch andere Verpflichtungen gebunden ist, vor allem durch die immer mehr üblichen Abendmessen, ist der Spielraum für Hausbesuche stark eingeschränkt.
Zu dem Zeitproblem kommen noch andere Umstände hinzu, die den Hausbesuch erschweren können. Am einfachsten ist es ohne Zweifel, wenn

ein konkreter Anlaß für den Besuch gegeben ist. Es bedarf dann keiner längeren Begründung. Man ist schnell beim Thema und der Besuch beansprucht auch nicht eine ungebührlich lange Zeit. Ungleich schwieriger gestaltet sich eine Begegnung, wenn der Priester völlig unerwartet kommt und noch dazu den Leuten nicht bekannt ist. Wenn dann überhaupt ein Gespräch zustande kommt, bleibt es oft an der Oberfläche hängen und stößt kaum zu dem seelsorgerlichen Anliegen vor, das den Priester im letzten bewegt. Nicht selten bleibt dann ein Gefühl der Erfolglosigkeit zurück.

Halten Sie Ihre Erfahrungen/Eindrücke über Hausbesuche in der Gemeinde fest? Reflektieren – meditieren Sie diese (evtl. im Gespräch)?

Soweit Notizen überhaupt gemacht werden, werden sie in der Regel in der Pfarrkartei festgehalten. Sie beschränken sich aber gewöhnlich auf wenige, nicht besonders aussagekräftige Angaben, z. B. das Datum des Besuches. Zum Teil werden die Notizen verschlüsselt. Der Datenschutz gebietet eine gewisse Zurückhaltung.
Wohl immer wird der Seelsorger die Erfahrungen und Eindrücke, die ein Hausbesuch vermittelt hat, in einer stillen Stunde überdenken. Soweit es die seelsorgerliche Schweigepflicht erlaubt und die Zusammenarbeit in der Pfarrei gebietet, tauschen Pfarrer und Kaplan, bzw. Pfarrer und Besuchsdienste ihre Erfahrungen aus. Ein Weg bleibt immer offen: das Gespräch mit Gott über das, was ein Besuch »gebracht« hat.

Rollenspiel

Nach diesem Erfahrungsaustausch versuchten die Teilnehmer der Arbeitsgruppe im *Rollenspiel* folgende Situationen eines »Gesprächs beim Hausbesuch« nachzuvollziehen und darüber zu sprechen:
»Stadtgemeinde, 6000 K., 2000 NK., Arbeitergemeinde, Pfarrer (45) besucht die Eltern der nächstjährigen Erstkommunionkinder (Mittwoch 17.00 Uhr). In einem Wohnblock läutet er bei »J. Bauer«. Ein Mann (35) öffnet die Tür. Er ist wegen Krankheit zu Hause (sonst Elektriker in einem kleinen Betrieb). Die Frau arbeitet in einem Lebensmittelgeschäft als Verkäuferin, ist also noch nicht zu Hause. Die Tochter (Kommunionkind) kennt der Pfarrer aus dem RU, sie ist in der Nachbarschaft beim Spielen. Sonst kennt der Pfarrer die Familie (seltene Kirchgänger) nicht. Er war nicht angemeldet.«
Was ist zur Gesprächsführung des Priesters positiv / negativ zu bemerken?
Was läßt das Gespräch über den Besuchten erkennen?
Was hätten die Zuschauer als Besucher anders gemacht? Warum?

2. Das seelsorgliche Gespräch beim Hausbesuch*

(Martin Benker)

Die Einstellung der Kirchenglieder

Nach den pastoralen Möglichkeiten und Chancen des Hausbesuchs in der Gegenwart zu fragen, heißt auch zu fragen nach der Einstellung derer, die besucht werden sollen. Wie stehen die Gemeindeglieder zum pastoralen Hausbesuch? Würden sie diese Initiative zur Kontaktnahme mit Priester und Kirche begrüßen oder eher ablehnen? Erst durch die großen Befragungsaktionen der Kirchen zu Anfang der 70er Jahre wurde es möglich, auf diese Frage eine allgemeinverbindliche Antwort zu bekommen.
Bei der großen schriftlichen *Umfrage unter allen Katholiken Deutschlands* (1. Mai bis 30. Juni 1970) votierten – danach befragt, wo sie die wesentlichen Aufgaben des Priesters heute sähen – 53 Prozent der Befragten für die Antwort: »Persönliche Seelsorge, Hausbesuche«.[1] Damit fand dieser Aufgabenbereich – nach »Meßfeier und Sakramente spenden« mit 66 Prozent – die zweithöchste Einschätzung unter den wesentlichen Aufgaben des Priesters heute. Die mündliche Repräsentativumfrage unter 4000 Katholiken (25. November 1970 bis 31. März 1971) ergab sogar ein Ergebnis von 59 Prozent[2]. Die Aufschlüsselung des Gesamtergebnisses von 53 Prozent ergab folgendes Bild: Von den Katholiken, die jeden, bzw. fast jeden Sonntag die Kirche besuchen, bezeichneten 57 bzw. 50 Prozent Hausbesuch und persönliche Seelsorge als wesentliche Aufgaben des Priesters; von den Katholiken, die ab und zu in die Kirche gehen, waren es 47 Prozent, von den seltenen Kirchgängern 43 Prozent, und von denen, die nie zur Kirche gehen immerhin noch 31 Prozent[3].
Von der Aufschlüsselung der Ergebnisse zur selben Frage (»Wo sehen Sie die wesentlichen Aufgaben des Priesters heute?«) nach Alter und Schulbildung seien folgende Ergebnisse hervorgehoben: Die Altersgruppe der 16–20jährigen wertete mit 50 Prozent persönliche Seelsorge und Hausbesuche, zwischen Jugendarbeit (56 Prozent) und Meßfeier mit Sakramentenspendung (47 Prozent), als wesentliche Aufgabe des Priesters. Ansonsten aber steigt die Bewertung mit geringen Schwankungen proportional zum Alter an, d. h. von 50 Prozent bei den 16–20jährigen bis auf 72 Prozent bei

* Die Beiträge von *Benker* stellen Auszüge dar aus einer 1978 bei *Prof. Dr. Hans Schilling,* München, gefertigten theologischen Diplomarbeit.

[1] *G. Schmidtchen,* Priester in Deutschland. Freiburg 1973, 161.
[2] Vgl. *G. Schmidtchen,* Zwischen Kirche und Gesellschaft. Freiburg 1972, 126.
[3] Vgl. *ders.,* Priester in Deutschland 161.

den über 70jährigen[4]. Die Katholiken mit Hochschul- oder Universitätsabschluß bieten bezüglich unserer Frage ein interessantes Ergebnis: mit einem Votum von 70 Prozent bewerteten sie persönliche Seelsorge und Hausbesuche als die wesentlichste Aufgabe des Priesters überhaupt, noch vor »Meßfeier und Sakramente« (63 Prozent)[5].

Inwieweit auch *Laien, die Hausbesuche machen,* akzeptiert werden, geht aus den Fragen zur Laienmitwirkung klar hervor: 59 Prozent sind dafür, daß Hausbesuche anstelle des Priesters von Laien übernommen werden können, 35 Prozent dagegen[6]. Während der Hausbesuch durch Laien von einer deutlichen Mehrheit der Katholiken für möglich gehalten wird, liegt das Verhältnis der Voten bei der Frage, ob auch »Seelsorge am einzelnen, persönliche Seelsorge« von Laienkräften übernommen werden könnte, genau umgekehrt: 37 Prozent sprechen sich dafür aus, 56 Prozent sind dagegen[7].

Erschien die Fragestellung nach pastoralen Hausbesuchen des Priesters in der deutschen Synodenumfrage sehr allgemein, da gekoppelt mit dem Zusatz »persönliche Seelsorge«, so wurde in der *österreichischen Repräsentativbefragung* von 1048 Katholiken (1970 bis 1973) die uns interessierende Frage konkreter gestellt. Die vorgelegte Antwort »Ich würde den Besuch eines Priesters begrüßen« erfuhr auf einer Zustimmungsskala[8] folgende Wertung:

»stimmt«				»stimmt nicht«
I	II	III	IV	V
48%	15%	13%	7%	16%

Zieht man die Zahlen zusammen, so ergibt sich, daß 63 Prozent der Befragten dem Besuch des Priesters eher zustimmend, 13 Prozent unentschieden und 23 Prozent eher ablehnend gegenüberstehen.

Sehr detaillierte demoskopische Untersuchungen über die Einstellung zum Hausbesuch des Pfarrers liegen in der repräsentativen *Meinungsbefragung der Evangelischen Kirche in Deutschland* vor[9]. Das interessante Ergebnis: 95 Prozent der evangelischen Christen würden ihren Gemeindepfarrer auf alle Fälle bei sich zu Hause einlassen, 4 Prozent würden ihn wieder wegschicken. Die 95 Prozent »offenen Türen« verteilen sich auf 32 Prozent mit

[4] Vgl. *ders.,* Zwischen Kirche und Gesellschaft 231.
[5] Vgl. ebd.
[6] Vgl. a. a. O. 234.
[7] a. a. O. 234.
[8] *P. M. Zulehner,* Kirche und Priester zwischen dem Auftrag Jesu und den Erwartungen der Menschen. Wien 1974, 263.
[9] *H. Hild* (Hrsg.), Wie stabil ist die Kirche. Gelnhausen-Berlin 1974, 59–72.

der Einstellung »Ich würde es begrüßen, wenn der Pfarrer zu mir käme«, 30 Prozent meinten: »Ich brauche den Pfarrer nicht, aber es wäre mal interessant, ein Gespräch mit ihm zu führen«; den restlichen 33 Prozent wäre »ein Besuch des Pfarrers ganz egal«[10].

Bei der Aufschlüsselung nach Altersgruppen findet man das Ergebnis der Katholikenbefragung bestätigt: Mit zunehmendem Alter wächst die positive Einstellung zum Hausbesuch.

Aus der Altersgruppe der 65jährigen (und darüber) sind es 54 Prozent, die den Besuch ihres Gemeindepfarrers ausdrücklich begrüßen würden (bei den 14–24jährigen dagegen nur 12 Prozent)[11]. Die Aufschlüsselung der Antworten nach dem Verbundenheitsgefühl mit der evangelischen Kirche scheint mir das interessanteste Ergebnis zu bringen: Von den Protestanten, die sich mit ihrer Kirche »kaum verbunden« fühlen, wären 33 Prozent an einem Gespräch mit dem Pfarrer zumindest interessiert und 5 Prozent würden einen Besuch begrüßen.

Schließlich zeigen aus der Gruppe derer, die sich mit der Kirche »überhaupt nicht verbunden« fühlen, noch 24 Prozent Interesse am Besuch des Pfarrers, 5 Prozent würden ihn sogar begrüßen[12].

Die Einstellung der Priester

In der von der Deutschen Bischofskonferenz in Auftrag gegebenen *Umfrage unter allen Welt- und Ordenspriestern der Bundesrepublik* (1971) wurde auch die Frage gestellt, wie die Priester ihre einzelnen Tätigkeiten der Bedeutung nach einstufen würden. »Pastorale Hausbesuche (Wohnviertelapostolat)« hielten demnach 44 Prozent als für sie persönlich »besonders wichtig«. Diese Tätigkeit nimmt somit, nach »Gemeindegottesdienst (samt Vorbereitung und Gestaltung)« mit 76 Prozent und »Predigt« mit 75 Prozent, den dritten Rang unter den wichtigsten Aufgaben ein; allerdings muß sie sich diesen Rang mit zwei weiteren Aufgaben teilen: »Vorbereitung auf Erstkommunion, Erstbeichte, Firmung« und »Ehevorbereitung und Trauung« wurden nämlich von 44 Prozent der Priester als ebenso wichtig eingestuft wie der pastorale Hausbesuch[13]. Die Aufschlüsselung nach Priesterweihe-Jahrgang ergibt: Zwischen 1931–1935 geweihte aktive Weltpriester messen dem Hausbesuch nur zu 35 Prozent eine wichtige Rolle bei, während es bei den 1966–1970 geweihten Priestern 56 Prozent sind[14]. Die Priester aus der Gruppe der älteren Weihejahrgänge setzen

[10] *Hild,* a. a. O. 59.
[11] Ebd. 61.
[12] Ebd. 62.
[13] Vgl. *Schmidtchen,* Priester in Deutschland 160.
[14] Ebd.

damit die Hausbesuche an die siebte Stelle, die Priester aus den jüngeren Weihejahrgängen dagegen eindeutig (und ausschließlich) an die dritte Stelle der ihnen persönlich wichtigen Tätigkeiten.
Zur weiteren Erhellung der gegenwärtigen Einstellung der Priester zum pastoralen Hausbesuch kann auch die *österreichische Priesterbefragung* (1971–1973) beitragen: 62 Prozent der befragten Priester (die Basiszahl ist 4913) gaben an, »zu wenig Zeit für Gespräche mit Fernstehenden zu haben«, 54 Prozent zu wenig Zeit »für persönliche Gespräche mit kirchennahen Personen«[15]. In der Befragung der Wiener Priester (1967) zeichnet sich ein ähnlicher Mangel an persönlicher Seelsorge ab: 46 Prozent, also fast die Hälfte des Wiener Diözesanklerus, würden sich mehr Zeit für Hausbesuche und die Anknüpfung persönlicher Kontakte wünschen[16]. Nach der Rangordnung der priesterlichen Aufgaben befragt, bewerteten die als »Reformer« eingestuften Priester (= 7 Prozent aller österreichischen Priester) »persönliche Seelsorge bei kirchennahen Personen« mit dem dritten, »persönliche Seelsorge bei Fernstehenden« mit dem vierten Rang. Die als »Bewahrer« eingestuften Priester (= 12 Prozent aller österreichischen Priester) dagegen setzten dieselben Aufgaben auf den sechsten und neunten Rang ihrer seelsorglichen Prioritäten[17].
Noch ein Vergleich aus der *Evangelischen Kirche in Deutschland,* zumal hier sehr differenzierte Angaben darüber vorliegen, mit welcher Intensität Hausbesuche tatsächlich von den Pfarrern getätigt werden. Die Befragung ergab, daß 16 Prozent einmal, 23 Prozent sogar mehrmals, aber 61 Prozent noch nie vom Pfarrer ihrer Kirchengemeinde besucht worden sind[18]. Weiter ist die Frage aufschlußreich, inwieweit der Pfarrer im Lauf seiner Amtszeit seine Gemeinde bei persönlichen Besuchen kennenlernt. Die Aufschlüsselung nach der Wohndauer am jetzigen Wohnort führte zu dem Ergebnis: Die Protestanten, die seit 6–10 Jahren am Ort ihrer Kirchengemeinde wohnen, wurden von ihrem Pfarrer zu 9 Prozent »vor kurzem«, zu 13 Prozent »innerhalb des letzten Jahres«, zu 4 Prozent »vor ein bis zwei Jahren«, zu 7 Prozent »ist länger her« und zu 67 Prozent »noch nie« besucht. Von den seit ihrer Geburt am Ort der Kirchengemeinde wohnenden Protestanten wurden 44 Prozent irgendeinmal besucht, aber 54 Prozent haben noch keinen Besuch des Pfarrers erlebt[19]. Die Anlässe des Besuchs waren: 35 Prozent Hausbesuche ohne besonderen Anlaß, 25 Prozent wegen Taufe und Konfirmation, 12 Prozent bei einem Trauerfall in der Familie[20].

[15] *Zulehner,* Kirche und Priester 221.
[16] Vgl. *P. M. Zulehner-S. R. Graupe,* Wie Priester heute leben. Wien 1970, 69.
[17] Vgl. *Zulehner,* Kirche und Priester 175 f.
[18] Vgl. Wie stabil ist die Kirche? – Materialband, Gelnhausen-Berlin 1974, 142.
[19] Ebd. 153.
[20] Ebd. 156.

Fazit der Befragungen

In der Prioritätensetzung bezüglich der Hausbesuche und persönlichen Seelsorge sind sich Katholiken und Priester nicht einig. Während 53 Prozent der Katholiken hierin die wesentliche Aufgabe des Priesters sehen, teilen nur 44 Prozent der Priester selbst diese Meinung. Die Kirchenmitglieder schätzen demnach persönliche Seelsorge und Hausbesuche um 9 Prozent (bzw. 15 Prozent nach der mündlichen Repräsentativumfrage) höher ein als der Klerus. Damit stellt sich die auffällige Situation ein, daß *die Nachfrage nach seelsorglichen Bemühungen größer ist als das kirchliche Angebot,* während es sich sonst meistens umgekehrt verhält[21].
Die Bereitschaft, mit dem Seelsorger in persönlichen Kontakt zu treten, ist bei Dominikanten und Kirchenverbundenen höher als bei Nondominikanten und distanziert Kirchlichen. Allerdings werden persönliche Seelsorge und Hausbesuche von distanziert Kirchlichen noch zu den am meisten geschätzten Aufgaben des Priesters gerechnet. Mit einem Votum von 47 Prozent aus dem Kreis derer, die ab und zu in die Kirche gehen, und 43 Prozent der seltenen Kirchgänger, wird diese Tätigkeit als die *wichtigste Funktion des Priesters* überhaupt angesehen[22]. Das bedeutet für die pastorale Praxis, daß die Kirchenfernen am ehesten noch für das persönliche Gespräch zugänglich sind[23]. Positiv ausgedrückt heißt das: *Je distanzierter von der Kirche, desto größere Chancen erhält – bezogen auf andere kirchliche Angebote – das Gespräch*[24]. Zeigt sich darin nicht, welch pastorale Chancen der Hausbesuch gerade bei kirchlich Distanzierten haben könnte? Um so bedenklicher erscheint dies, wenn *P. M. Zulehner* in der Analyse der Priesterbefragung in Österreich zur Feststellung kommt, daß sich die Priester in einer gewissen Isolation gegenüber den Fernstehenden befinden müssen (»wohl als Folge überstarker Einbindung der Priester in die kirchliche Institution«), weil sie die Laien für die Begegnung mit Fernstehenden glaubwürdiger halten als sich selbst[25]. Auch in der evangelischen Kirche zeigte

[21] Vgl. *A. Müller,* Die nachgehende Seelsorge, in: Handbuch der Pastoraltheologie III, Freiburg 1968, 195 f: »Seelsorger bestätigen immer wieder, daß der weitaus größte Teil der Gläubigen den Hausbesuch des Priesters freudig und dankbar entgegennimmt und daß die Fälle ausgesprochener Ablehnung verschwindende Ausnahmen sind. Trotzdem ist es bekannt, wie Hausbesuche in großen Pfarreien selten, oft eine Ausnahme sind oder überhaupt nicht vorkommen.« – Pastorale, Die Gemeinde. Mainz 1970, 74: »Es ist eine häufige Erfahrung in den Großstadtgemeinden, daß die Menschen den Hausbesuch des Priesters erwarten ... Dennoch unterbleiben die meisten Hausbesuche.«

[22] Vgl. *Schmidtchen,* Priester in Deutschland 161.

[23] Vgl. *F. Wulf,* Die Rangordnung der »Seelsorge« im Selbstverständnis der heutigen Priester, in: *K. Forster* (Hrsg.), Priester zwischen Anpassung und Unterscheidung. Freiburg 1974, 90.

[24] Vgl. *K. Lehmann,* Konflikt und Chancen in Glaubensverständnis und Verkündigung, in: *K. Forster* (Hrsg.), Befragte Katholiken zur Zukunft von Glaube und Kirche. Freiburg 1973, 60.

[25] Kirche und Priester 180.

sich bezüglich der pastoralen Hausbesuche eine Diskrepanz zwischen den Erwartungen der Kirchenmitglieder und dem Angebot der Pfarrer. Denn von den 61 Prozent noch nie Besuchten würden laut Umfrage über die Hälfte dem Kommen des Pfarrers mit Interesse begegnen[26]. Wenn auch die Zahlen auf die Verhältnisse in der katholischen Kirche nicht direkt übertragbar sind, so dürften sie der Tendenz nach auch hier zutreffen.
Als *Fazit* ist festzuhalten: Die positive Einstellung der Kirchenglieder zu Hausbesuchen und persönlicher Seelsorge ist überraschend groß. Von seiten der Priester aber wird dieser Erwartung zuwenig entsprochen.

Der Hausbesuch als pastorale Möglichkeit und Chance

Als *die* pastorale Chance schlechthin muß die mehrheitlich positive Einstellung der Kirchenglieder zum Besuch des Seelsorgers angesehen werden. Dies ermöglicht dem Seelsorger auch heute noch, daß er unbefangen zu den Menschen gehen kann, selbst zu denen, die von sich aus niemals den Weg ins Pfarrhaus finden würden[27]. Doch um diese Chance nicht nur wahrzunehmen, sondern auch in die Tat umzusetzen, genügt es nicht, allein von der in den Umfrageergebnissen festgestellten Erwartungshaltung der Menschen auszugehen. Eine Intensivierung der Hausbesuche in der Pfarrei bedarf *grundsätzlicherer Motive* als dem Faktum der hohen »Nachfrage« allein. Darum muß sich jeder Seelsorger die Frage stellen, was die Leute, die seinen Besuch begrüßen würden, von diesem Besuch eigentlich erwarten. Er wird zu dem Ergebnis kommen, daß es *je verschiedene Erwartungen* sein können, die die Menschen zu dieser Aufgeschlossenheit für den priesterlichen Kontakt veranlassen. Sowohl für die Motivation, Hausbesuche zu machen, als auch für ein Zustandekommen echter Begegnungen scheint mir eine Vorbesinnung über die Erwartungen der Gemeindemitglieder wichtig zu sein. Deshalb soll es zunächst um die Klärung der Frage gehen: Warum wird der Hausbesuch von der Mehrheit der Katholiken erwartet?[28]

Bestätigung der eigenen Kirchenzugehörigkeit: Ein erster Grund, warum die meisten Katholiken dem Besuch des Seelsorgers ihrer Gemeinde mit Sympathie begegnen, liegt im Kommen des Priesters selbst. Der Pfarreipriester verkörpert für die Gläubigen oft die Institution von Kirche und Religion.

[26] Vgl. *Hild,* Wie stabil ist die Kirche 63.
[27] Vgl. *W. Schütz,* Seelsorge – Ein Grundriß. Gütersloh 1977, 147.
[28] Für ein Gelingen der Hausbesuche spielt es keine unerhebliche Rolle, ob sich die Vorstellungen und Erwartungen bezüglich Ziel und Verlauf des Hausbesuchs decken, »ob beide Partner unter einem seelsorglichen Kontakt zwischen Priester und Laien dasselbe verstehen, so wie bei Arzt und Patient in der Regel über Art und Ziel der Beziehungen weitgehend Einigkeit besteht«, so: *L. v. Deschwanden,* Die Rolle des Gemeindepriesters zwischen Kirche und Gesellschaft, in: *J. Wössner* (Hrsg.), Religion im Umbruch. Stuttgart 1972, 403.

Deshalb empfinden es die Besuchten als eine Bestätigung ihrer eigenen Zugehörigkeit zu dieser Kirche, wenn der Seelsorger ihrer Pfarrei sie persönlich besucht, die »Kirche« sozusagen einmal zu ihnen kommt. Was die Leute anspricht, ist der Gedanke, daß man sie aufsucht, daß man sie als praktizierende Katholiken vom Gottesdienst her kennt und sie als zur Gemeinde gehörig betrachtet[29]. Praktizierende Katholiken fühlen sich so durch den Hausbesuch »geehrt«[30], wohl deswegen, weil der persönliche Kontakt mit dem Geistlichen für sie eine Bestärkung, eine Stabilisierung ihrer Bindung an die Pfarrgemeinde bedeutet[31].
Dieses Moment der Bestätigung könnte als Motiv für die Offenheit gegenüber seelsorglichem Kontakt eine wichtige Rolle spielen, auch bei kirchlich Distanzierten. Für sie ist das Kommen des Priesters ein Zeichen, daß sie trotz ihrer Distanz zur Kirche gehören, daß man sie nicht vergessen, abgeschrieben und abgestempelt hat[32]. Der Hausbesuch wird deshalb von ihnen als aufmerksame Geste gewertet, daß die Kirche sie und ihre Art, wie sie zur Kirche stehen, ernst nimmt[33]. Denn vielfach bietet der Hausbesuch des Seelsorgers die einzige Möglichkeit, daß kirchlich Distanzierte und Entfremdete ihre Beziehung zur Kirche darlegen und rechtfertigen können. *Zulehner* weist darauf hin, daß »die Distanz zur Gemeinde weithin das Produkt eines sozialen Konformitätsdruckes sowie vielfältiger Sozialisationsvorgänge ist und somit moralisch bei den meisten schuldlos zustande kommt«[34].

Bewältigung der Dissonanzerfahrungen: Ein weiterer Grund für die große »Nachfrage« nach der persönlichen Begegnung mit dem Priester dürfte in dem Bedürfnis sehr vieler Katholiken liegen, die eigenen Wert- und Glaubensvorstellungen mit denen der Kirche in Einklang zu bringen. Erst durch die Synodenumfragen wurde hinlänglich bekannt, wie groß die Diskrepanz zwischen gesellschaftlichem und kirchlichem Wertsystem ist und als solche auch von den Katholiken erfahren wird[35]. So nimmt es nicht wunder, daß die Menschen heute, angesichts des Pluralismus an Ideen, Wertvorstellun-

[29] Vgl. *J. van den Berg,* Hausbesuche in Amsterdam, in: Der Seelsorger 35 (1965) 348–350.
[30] Vgl. *J. E. Mayer,* Systematische Hausbesuche in der Großstadt, in: Kirche in der Stadt II. Wien 1968, 207.
[31] Vgl. *U. Boos-Nünning - E. Golomb,* Religiöses Verhalten im Wandel. Essen 1974: »Im Kontakt mit dem Geistlichen versichert man sich mehr der Realität der Religion und der Anwesenheit der Kirche als ihrer institutionellen Form. Das Lernen religiöser Verhaltensmuster in der Familie reicht für eine lebenslange religiöse Bindung nicht aus« (161).
[32] Vgl. *G. Pünder,* Von Tür zu Tür. Würzburg 1974, 24.
[33] Vgl. *A. Müller,* Die Leitung der Pfarrgemeinde, in: Handbuch der Pastoraltheologie III. Freiburg-Basel-Wien 1968, 196: »Der heutige Mensch hat ein ungestilltes Bedürfnis nach Ernstnehmen seiner Person und Individualität. Das ist der Grund für die Nachfrage und der psychologische Ansatzpunkt des Hausbesuchs. Jemand ›in seinem Eigenen‹ aufsuchen bedeutet schon, ihn als Person aufsuchen, nicht als Arbeitskraft, Geldspender, ›Mitglied‹.«
[34] Religion nach Wahl. Wien 1974, 95.
[35] Vgl. *Schmidtchen,* Zwischen Kirche und Gesellschaft 12 ff.

gen, Normen und Verhaltensweisen in eine Orientierungskrise geraten auf Grund dieser »Dissonanzerfahrung«, wie es *Schmidtchen* nennt[36]. »Vor allem in Fragen der Sexualität, der Autorität und Freiheit sowie des wissenschaftlichen und gesellschaftlichen Fortschritts wird (besonders von Jugendlichen, von Personen mit mittlerer Bildung, Angestellten und Arbeitnehmern sowie Städtern) starke Dissonanz erfahren«[37]. Da dieses Dissonanzgefühl bei mehr oder minder allen Katholiken in der Bundesrepublik Deutschland vorhanden ist, wird jeder Seelsorger, der Hausbesuche macht, damit konfrontiert werden. Denn die Menschen erwarten von der Kirche (sofern sie nicht indifferent sind) hierin fundierte Orientierungs- und Entscheidungshilfen.

Konkret zeigt sich das, wenn Unmut, Ärger und Kritik gegenüber der Kirche geäußert werden, eine vielfach letztmögliche Art anklagender Hilferufe. Erfolgt von seiten der Kirche darauf keine helfende Antwort, ist für distanzierte Katholiken der Weg bis zum Kirchenaustritt nicht mehr weit[38]. Eine Untersuchung der Motivationen, die zum Austritt aus der Kirche veranlassen, hat ergeben, daß die Unfähigkeit der Kirche, »die christliche Lehre zeitnah und modern zu verdeutlichen und alle anzusprechen«, eine große Rolle spielt[39].

Ich glaube, daß viele Katholiken – nicht nur distanzierte – sich schon allein deshalb einen Besuch des Pfarrers wünschen würden, um sich im gegenseitigen Meinungsaustausch dissonanter Gefühle zu entledigen[40], zumal die Kirche selbst im binnenkirchlichen Raum zur allgemeinen Dissonanzerfahrung noch beiträgt. Dies zeigt sich z. B. an der Spannung zwischen »Reformkatholiken« und »Traditionskatholiken« (für unsere Tage ist hier die Auseinandersetzung um Bischof Lefèbvre symptomatisch). Daß besonders die kirchenverbundenen Katholiken, die ja die Pluralität auch im binnenkirchlichen Raum hautnah zu spüren bekommen, ein sehr hohes Maß an Verunsicherungen, Konflikten und Dissonanzen zu bewältigen haben, liegt auf der Hand. Die Konfliktüberschüsse abzubauen und sich über den eigenen glaubensmäßigen Standort Klarheit zu verschaffen, könnte mit ein Grund sein, warum gerade sie persönliches Gespräch und Hausbesuche des Priesters am höchsten von allen Katholiken schätzen. Sie spüren wohl, daß für die persönliche Konfliktaufarbeitung ein Klima des Vertrauens nötig ist

[36] Ebd. 56 ff, 58 ff.

[37] *P. M. Zulehner,* Zur Situation der Pfarrseelsorge, in: *J. Wiener - H. Erharter* (Hrsg.), Pfarrseelsorge. Wien 1977, 95.

[38] Vgl. *P. M. Zulehner,* Einführung in den pastoralen Beruf. München 1977, 80 f.

[39] *A. Feige,* Kirchenaustritte. Gelnhausen-Berlin 1976, 171.

[40] Vgl. *Görges-Kellerhoff-Weber-Wessel,* Wer mitmacht, erlebt Gemeinde. Limburg ²1973, 71 f. – Darin findet sich die Beschreibung eines 34jährigen Gemeindemitgliedes und seiner Reaktion auf den Hausbesuch des Pfarrers: »Meine Frau machte gerade die Kleine zurecht. Ich ließ ihn trotzdem herein. Ich verspürte ein seltsames Gefühl von Neugierde und Verlangen, meinem lang angestauten Ärger mit der Kirche Luft zu machen ...«

und auch Meinungsänderungen »nur auf der Basis guter menschlicher Beziehungen vorbereitet werden« können[41].

Verlangen nach Lebenshilfe: Wohl das wichtigste Motiv, das vermutlich hinter der hohen Erwartung der Katholiken an persönliche Seelsorge und Hausbesuch steht, ist das Verlangen nach Hilfe in den persönlichen und individuellen Lebenssituationen. Wurde vorher mehr die Hilfe zur kognitiven Bewältigung des Lebens angesprochen, so handelt es sich hierbei mehr um die Hilfe der affektiven (gefühlsmäßigen) Lebensbewältigung (in Wirklichkeit lassen sich beide Momente nicht trennen). Vor allem in *Krisensituationen des Lebens* suchen sehr viele Katholiken Halt an Religion und Kirche. Es sind meist Lebensabschnitte, die von Sinnlosigkeit bedroht sind und von der eigenen säkularisierten, durchaus hohen humanen Moral nicht ohne weiteres bewältigt werden können[42]. *H. Fleckenstein* meint diesbezüglich beobachten zu können, »daß gerade säkularisierte und emanzipierte Menschen von heute das Bedürfnis nach geistlichem Gespräch und geistlicher Beratung neu entdeckt haben und zu Recht zu ahnen beginnen, hier könne der Priester, gerade kraft seines geistlichen Auftrags und entsprechender Befähigung ihr Helfer werden«[43].
Einfach gesprochen erwarten die Menschen von einer persönlichen Begegnung mit dem Seelsorger eine Hilfe in ihrer Lebensnot. Ich vermute, daß sich aus diesem Grunde die ältere Generation in den Umfragen so stark für persönliche Seelsorge und Hausbesuche ausgesprochen hat; denn gerade für sie ist es heute doppelt schwer, die Erfahrung mit gesellschaftlichen Veränderungen zu verarbeiten und ihre Identität zu wahren, zumal ihnen vielfach die vertraute menschliche Umgebung (Verwandte, Nachbarschaft) zum Gespräch fehlt. Isolation, Einsamkeit, Anonymität, Fremdheit der Umgebung, fehlende Kommunikationsmöglichkeiten – das sind oft auch die Lebensnöte jüngerer Menschen und Familien, ganz besonders ausgeprägt in großstädtischen Ballungsräumen und Trabantenstädten. Für sie (und das trifft besonders die von Natur aus kontaktscheuen Menschen) besteht die Lebensnot in der leidvollen Erfahrung von vielen aufgezwungenen, informellen und unverbindlichen Kontakten, aber fehlenden personalen Beziehungen[44].

[41] *F. Klostermann,* Kirche – Ereignis und Institution. Wien 1976, 141.
[42] Vgl. *H. Neundorfer,* Kann eine Pfarrei missionarische Pfarrei sein, in: Diakonia 6 (1975) 126 f.
[43] Erwartungen der Gläubigen an die Kirche, die Priester und die kirchliche Seelsorge, in: *H. Fleckenstein* (Hrsg.), Ortskirche und Weltkirche. Würzburg 1973, 665.
[44] Vgl. *F. Borggrefe,* Kirche für die Großstadt. München 1973, 84 f. – Vgl. *A. Walz,* Wie Begegnung gelingt, in: Signum 49 (1977) 104: »Das Grundbedürfnis nach die ganze Persönlichkeit umfassender Geborgenheit wird in einer unpersönlichen Welt immer stärker erlebt. Diesem Bedürfnis sollte die Kirche in verschiedenen seelsorglichen Angeboten entsprechen.«

Es ist ein Bündel von Erwartungen, das gerade in der emotionalen Beziehung der Menschen zur Kirche – als Motiv für die hohe Kontaktbereitschaft gegenüber den Vertretern der Kirche – wohl die wichtigste Rolle spielt. *K. W. Dahm* sieht in dem Wunsch nach Kommunikation mit dem Pfarrer das Verlangen, ein persönliches Vertrauensverhältnis zu jenem Mann haben zu wollen, der an so vielen Stellen durch sein Amt »in den unmittelbaren Erfahrungsbereich der Familie und des eigenen Lebenszyklus hineintritt«[45]. Einen Grund für das Verlangen nach persönlicher Lebenshilfe kann man auch darin sehen, daß nicht wenigen Christen die Erfahrbarkeit des notwendenden »Lebenswissens Jesu« in Gestalt christlicher Gemeinschaft und Gemeinde (das Beispiel des christlich »signifikant anderen«, wie es die Religionssoziologen nennen) einfach fehlt. Deshalb sehen wohl viele Christen in der persönlichen Begegnung und dem Gespräch mit dem Gemeindepriester, aber auch anderen überzeugten Christen, die Chance, etwas von der Geborgenheit schenkenden, Angst und Einsamkeit überwindenden Kraft christlichen Glaubens zu erfahren[46].

Eröffnung von Begegnungschancen durch die Initiative der »Kirche«: Die pastoralen Chancen und Möglichkeiten des Hausbesuchs liegen nun aber nicht allein darin, daß diese Art persönlicher Begegnung zwischen Gläubigen und Seelsorger besonders geschätzt wird, sondern sie liegen auch im Hausbesuch selbst begründet. Das erste unterscheidende Merkmal des Hausbesuchs von vielen sonstigen Funktionen in der Seelsorge ist die Tatsache, daß er auf der *Initiative des Seelsorgers* beruht, die Kirche sozusagen sich selbst »ins Spiel bringt«, indem sie zu den Menschen geht, und nicht umgekehrt, die Menschen zu sich kommen läßt. Im Grunde ereignet sich darin die missionarische Dimension der Kirche oder, anders ausgedrückt, ein »Akt der brüderlichen dialogischen Gemeinde«[47]. Der Hausbesuch hat somit ganz wesentlichen Zeichencharakter, wenn der Pfarrer dorthin geht, wo seine Zeitgenossen stehen. Das will für den Besuchten heißen: Dem Pfarrer (= der Kirche) bin ich so viel wert, daß er zu mir kommt und mich da abholt, wo ich in meiner Situation stehe, »statt nur einladend am Tor der Kirche zu warten«[48].

Besonderen Wert hat das Zugehen auf die Menschen durch einen Hausbesuch dort, wo sie nicht mehr von sich aus zur Kirche kommen können. Zu denken ist hier an die Mehrheit der kirchlich distanzierten Katholiken, de-

[45] Verbundenheit mit der Volkskirche, in: *J. Matthes* (Hrsg.), Erneuerung der Kirche. Gelnhausen-Berlin 1975, 155.

[46] Vgl. *L. Roos,* Erneuerung und Versöhnung – Pastoral an einer Zeitwende, in: Lebendige Seelsorge 26 (1975) 5–12. – Vgl. *P. M. Zulehner,* Heirat – Geburt – Tod. Wien 1976, 32–48. – *ders.,* Einführung in den pastoralen Beruf 88–92.

[47] *B. Dreher,* Dienst brüderlicher Gemeinde, in: Lebendige Seelsorge 16 (1965) 1.

[48] *W. Dirks,* Ursprung und Gegenwart, in: *H. W. Brockmann* (Hrsg.), Kirche und moderne Gesellschaft. Düsseldorf 1976, 28.

nen die Teilnahme am kirchlichen Leben (durch die religions-soziologische Situation und durch frühere Fehler der Kirche, z. B. Ausschluß von den Sakramenten in der Ehepastoral, oder auch durch eigenes Verschulden) fremd geworden ist[49]. Zwischen ihnen und der Gottesdienstgemeinde besteht eine weite Kluft und nur die wenigsten schaffen es, von sich aus eine *Brücke des Kontakts* zu schlagen. Aber auch das Aufsuchen des Gemeindepfarrers ist für viele mit großer Unsicherheit und Hemmungen belastet, so daß die ausgeschriebene Sprechstunde ein leeres Angebot ist[50].
Der Wiener Pfarrer *Th. Blieweis* bietet aus seiner reichen Hausbesuchserfahrung ein Beispiel dafür, wie hoch die Hemmschwelle sein kann, die viele vom Gang zum Priester zurückhält: Ein vor Jahren aus der Kirche ausgetretener Arbeiter wurde besucht. Statt, wie befürchtet, mit abweisenden Worten empfangen zu werden, »gab der Mann seiner großen Freude Ausdruck, daß die Kirche zu ihm gekommen sei. Die Unrichtigkeit seines Jahre zurückliegenden Austrittes habe er längst eingesehen, doch bis zur Stunde Scheu gehabt, den Schritt zu widerrufen«[51]. Freilich wird dieses Beispiel in solcher Ausprägung nur selten vorkommen; doch was hier überdeutlich zum Vorschein kommt, dürfte der Tendenz nach bei distanzierten Katholiken tatsächlich der Fall sein: sie sehen sich außerstande, den verlorenen Kontakt zur Kirche wieder aufzunehmen[52]. Da also beim Hausbesuch die Initiative zur Begegnung von der Kirche bzw. ihren Trägern ausgeht, hängt es ganz von ihr ab, ob sie darin die Chance sieht, auf die Menschen zuzugehen oder nicht[53].

Die Begegnung mit den Menschen in ihrer konkreten Lebenswirklichkeit: Ein weiteres Merkmal des Hausbesuchs ist, daß die Begegnung des Seelsorgers mit den Menschen in ihrer konkreten Lebenswirklichkeit stattfindet. Interessant und aufschlußreich ist hierbei unser Sprachgebrauch: Wir sprechen nicht einfach von »Besuch«, sondern ausdrücklich von »Haus-besuch«. Die Sprache macht darauf aufmerksam, daß es nicht gleichgültig ist, wo man mit jemandem zusammentrifft. Das Haus oder die Wohnung ist der Ort, wo der Mensch sich wohlfühlt, sich ungehemmt und sicher bewegen und leben kann; ja wir verwenden das Wort »Haus« für Redensarten (z. B.

[49] Vgl. *A. Müller,* a. a. O. 203.
[50] Vgl. *P. Krusche,* Der Pfarrer in der Schlüsselrolle, in: *J. Matthes,* Erneuerung der Kirche, a. a. O. 167: »Der pointierten Funktionszuweisung im Tätigkeitsbereich helfender Begleitung (Seelsorge) entspricht in der Berufspraxis des Pfarrers auf parochialer Ebene keine nennenswerte Inanspruchnahme durch die Gemeindeglieder. Die pfarrliche Sprechstunde ist nicht von ratsuchenden Menschen überlaufen ...«
[51] Hausbesuche bei Fernstehenden, in: Lebendige Seelsorge 22 (1971) 289.
[52] Vgl. *F. Krenzer,* Kontakte überwinden Distanz, ebd. 266: »Können wir uns überhaupt eine Vorstellung davon machen, wie schwer es für einen ist, der jahrelang ›pausiert‹ hat, wieder einen Gottesdienst zu besuchen oder gar an einem Pfarrhaus zu klingeln? ... Fragt man nach dem, was sie so abschreckte, so sagen sie: Wir haben gemerkt, wir gehören nicht mehr dahin, man sah uns so eigenartig an ...«
[53] Vgl. ebd. 266 f: »Aus der Komm-Struktur muß endgültig eine Geh-Struktur werden.«

»Ich fühle mich hier wie zu Hause«, »Er hat kein rechtes Zuhause mehr«, »Auf diesem Gebiet bin ich zu Hause«), die immer dieselbe Grunderfahrung wiedergeben: Vertrauen, Geborgenheit, Gewißheit. Wir spüren es selbst, wie wichtig uns gerade heute diese Gefühlswerte sind[54]. Das hat zur Folge, daß wir bei einem Hausbesuch diese Werte sehr hoch achten müssen. Unter dieser Voraussetzung bietet der Hausbesuch die günstigsten Chancen für eine *gelungene Begegnung zwischen Seelsorger und Gläubigen,* zwischen »Kirche und Welt«. Man lernt die Menschen besser kennen als auf der Straße oder in der Kirche, weil sie sich zu Hause ganz nach ihrer Art und Lebensgewohnheit bewegen. »Dort sind sie in Arbeitskleidung, dort riecht man die Luft, die sie Tag für Tag einatmen«[55]. Es ist wohl einleuchtend, wie wertvoll es für den Besucher ist, das Zuhause seines Gesprächspartners kennenzulernen, worin ein bedeutsamer Teil seiner Lebenswirklichkeit erfahrbar wird. Allzu häufig wird die Lebensferne von Theologie und kirchlicher Verkündigung beklagt[56]. Hier eröffnet sich im Hausbesuch die unmittelbare Möglichkeit, diesem Dilemma Abhilfe zu schaffen[57].
Im Hausbesuch wird dem Seelsorger nicht nur der einzelne Mensch für sich bekannter (manche kennt er schon vom Gottesdienst her), sondern der einzelne inmitten seiner Beziehungen und sozialen Umwelt (Familie, Milieu, Nachbarschaft). Erst wenn der Seelsorger diese Lebenswirklichkeit des einzelnen vor Ort erfahren hat, kann er – so scheint mir – die Hilfen von Religion und Kirche sinnvoll und wirksam anbieten. Denn Religion und Kirche werden für den Gläubigen nur dann als sinnvoll und hilfreich zu verstehen sein, wenn sie in seinen Lebenssituationen und seinem Alltag (und nicht als institutionalisiertes Randerlebnis) eine Rolle spielen. Weil der Hausbesuch Seelsorger und Priester mitten in die Welt, in der sich Leben und Wohnen der Menschen abspielt, hineinführt, könnte so vielleicht die »Ereignishaftigkeit von Kirche in der sozialen Dimension« wirksamer in den Blick kommen[58].

Größtmögliche Offenheit für alle: Das dritte Charakteristikum des Hausbesuchs möchte ich mit dem Begriff der Offenheit umschreiben. Es ist wahr, daß die Angebote der Kirche sowie die Einladung zu Gottesdienst und Beteiligung am kirchlichen Leben an alle ergehen. Und doch bleibt der Großteil der Katholiken von diesen öffentlichen Angeboten ungerührt. Wir müssen davon ausgehen, daß auf viele distanzierte Katholiken die Weisen pfarr-

[54] Vgl. *Zulehner,* Heirat – Geburt – Tod, 68 f. – Dort wird die These aufgestellt und plausibel gemacht, daß die Bedeutung des Privatraumes für die Selbstverwirklichung des Menschen stark zugenommen habe.
[55] *J. van den Berg,* a. a. O. 348.
[56] Vgl. *Zulehner,* Kirche und Priester 165.
[57] Vgl. *ders.,* Heirat – Geburt – Tod 45: »Eine innerlich plausible Pastoral kommt zustande, wenn die konkreten Lebensfragen der Menschen entschieden aufgegriffen werden.«
[58] *Boos-Nünning / Golomb,* a. a. O. 181.

gemeindlichen Lebens und kirchlicher Verkündigung nicht einladend genug wirken bzw. als solche wahrgenommen werden. Wenn die Pfarrei zum Sonntagsgottesdienst einlädt, dann sehen die meisten Katholiken – durch die Brille der Distanz – darin gerade nicht die Offenheit, die sie für wünschenswert hielten bzw. notwendig bräuchten aufgrund ihrer Beziehung zur Kirche[59]. Es sind nicht wenige, die an der Eucharistiefeier nicht teilnehmen können oder denen das Verständnis dafür verlorengegangen ist. Trotzdem stehen viele dieser Katholiken der Kirche nicht gleichgültig gegenüber; ihre Antwort auf den Anspruch der Kirche besteht aus den verschiedensten Formen der Abwehr (Fernbleiben vom Gottesdienst, Distanzierung in Wort und Tat, hohe Kritikbereitschaft usw.)[60]. Pfarrseelsorge, die einen ihrer Schwerpunkte auf Hausbesuche legt, kann die Kerngemeinde davor bewahren, in dieselbe Abwehrhaltung den kirchlich Distanzierten gegenüber zu verfallen, indem sie *offen* ist *für eine gestufte Kirchenzugehörigkeit.* Indem nämlich der Weg aus den schützenden Mauern der Kirche und aus der Geborgenheit der Kerngemeinde gewagt wird[61], erhöhen sich die Chancen, auf durchaus offene Ohren zu stoßen, weil man sich selbst ihnen geöffnet hat. Hausbesuche können so Zeichen einer Gemeinde sein, die sich offenhält für die Bedürfnisse und Erwartungen aller ihrer Glieder[62]. Der Personenkreis derer, die ihre stillen Erwartungen an die Kirchengemeinde hegen, aber sie nicht äußern können (weil sie das nur in einer persönlichen Begegnung zustande brächten), reicht von den kirchlich Distanzierten, den vielen Kranken, körperlich Behinderten über die psychisch Leidenden, die alleinstehenden Väter und Mütter bis zu den zahlreichen alten Menschen in einer Pfarrei. Der Hausbesuch kann für diese Menschen ein echtes Angebot sein, ihre Anliegen zur Sprache zu bringen. Ein Angebot eröffnet sich jedoch nur dann als echtes Angebot, wenn es einem wirklich präsentiert wird. Ist der Hausbesuch nicht eine geeignete Form, Kirche Jesu Christi in »der Welt« präsent werden zu lassen, indem sich ihre Träger und Zeugen den Menschen individuell zuwenden, ihnen ihre volle Anwesenheit schenken?[63] Nur die persönliche Begegnung mit Kirche »aus

[59] Vgl. *Fleckenstein,* a. a. O. 655 f: Fleckenstein weist auf die Ergebnisse der Synodenbefragung hin und kommentiert: »Von hier aus wird die verbreitete Meinung, oder wenigstens unbedachte Praxis als falsch verwiesen, man könne mit dem Sonntagsgottesdienst allein allen Gliedern der Gemeinde, gar den Abständigen eine ausreichende Hilfe zum Glauben und zum christlichen Leben geben«.

[60] Vgl. *Schmidtchen,* Zwischen Kirche und Gesellschaft 12: »Die Absetzung von der Kirche ist also unter den gegenwärtigen Umständen ... nur durch Einschaltung von Abwehr möglich. Die Kirche wird negativ gezeichnet. Die Abkehr von der Kirche führt also keineswegs in Affektneutralität ...«

[61] Vgl. *Zulehner,* Religion nach Wahl 93.

[62] Vgl. *H. Schilling,* Pastorale Praxis im gesamtgesellschaftlichen Kontext, in: *H. Fleckenstein* (Hrsg.), a. a. O. 525: »Meiner Meinung nach muß sich die reguläre Gemeindeseelsorge, so gut sie kann, auch für die pastoralen Bedürfnisse und Erwartungen der vielen ›Randsiedler‹ offenhalten ...«

[63] Vgl. die Doppeldeutigkeit des Wortes »präsentieren«

Fleisch und Blut« kann christliches »Lebenswissen« lebendig erhalten[64] und läßt die Kirchenzugehörigkeit erst wieder sinnvoll erscheinen. So ist es nicht verwunderlich, wenn die Mehrzahl der aus der Kirche Ausgetretenen kritisieren, die Kirche kümmere sich nicht oder kaum »um die Sorgen und Probleme jedes einzelnen ...«[65]. So kommt dem Hausbesuch das Zeichen der Offenheit in zweierlei Hinsicht zu: zum einen unter dem Aspekt des *Heraustretens aus dem rein kirchlichen Milieu* in alle Milieus der Pfarrei, zum anderen unter der Rücksicht, *für den je einzelnen und seine Person offen zu sein.* Sicher neben der Chance auch ein gewaltiger Anspruch an Seelsorger und Gemeinde!

Das Gespräch: Das wichtigste Element des pastoralen Hausbesuchs ist natürlich die persönliche Begegnung im Gespräch. Hier liegt der Kern des Hausbesuchs. Der Vorteil des persönlichen Gesprächs in der Seelsorge ist unbestreitbar die Kommunikation mit dem einzelnen Gläubigen, im Gegensatz zur Massenkommunikation, die sich unterschiedslos an alle richtet (z. B. Predigt, Vorträge)[66]. Dies bedeutet, daß der einzelne tatsächlich angesprochen wird, weil sein Besucher ihn ganz allein und unverwechselbar anspricht als Person, bei seinem Namen; es bleibt keine allgemeine Anrede an die Gemeinde. Weil sich die Anrede beim Hausbesuch an einen konkreten Adressaten richtet, eröffnet sie die Möglichkeit, selbst konkret zu werden, d. h. auf Lebenswirklichkeit und Bedürfnisse des Partners bezogen zu sein. So ist die Rede dialogisches Gespräch, das ein *gegenseitiges Zu-Wort-Kommen und Zuhören* einschließt. Hier zeichnet sich der große Unterschied gegenüber einer im kirchlichen Raum überwiegend anzutreffenden Einbahn-Kommunikation ab, die ihrer Struktur nach eine autoritäre ist (ohne Abwertung zu verstehen, rein im kommunikationstheoretischen Sinn). Im Hausbesuch ist somit der Seelsorge die Möglichkeit eingeräumt, Wege zu gehen, die bei den Menschen ankommen, weil es Kommunikationswege des dialogfähigen Gesprächs von Mensch zu Mensch sind.
Es stellt sich jedoch die Frage, wieweit die Tragfähigkeit des Dialogs zwischen Seelsorger und aufgesuchtem Gemeindemitglied tatsächlich geht, näherhin also um die *Möglichkeiten und Grenzen des Gesprächs.* Soviel dürfte indes schon klar geworden sein: Ein »Gespräch von Mensch zu Mensch im eigenen Heim macht mehr Eindruck als die Verkündigung vor der ganzen Gemeinde auf der Kanzel«[67].

[64] Vgl. *Zulehner,* »Missionarische Gemeinde« – Abschied von einer Illusion?, in: Signum 49 (1977) 5–9.
[65] *Feige,* Kirchenaustritte 171.
[66] Vgl. *Müller,* a. a. O. 195: »Gemeinschaftsseelsorge ist ja gerade der Versuch, das einmal zu sagen, was man sonst fünfzehnmal oder fünfzigmal sagen müßte. Diese Behauptung stimmt allerdings nicht ganz. Denn vor einer Versammlung können eben nur allgemeine Probleme erörtert werden, nicht die Lebenssituation des einzelnen.«
[67] *van den Berg,* a. a. O. 350.

Das persönliche Gespräch des Seelsorgers scheint mir deshalb auf den anderen ansprechender zu wirken, weil es ganz außer der Reihe der ansonsten amtlichen, vorstrukturierten kirchlichen Handlungen erlebt wird. Kirche und Religion nehmen im echten Dialog menschliche Gestalt an, wenn erfahren wird, daß sich der Seelsorger dabei nicht hinter seinem Amt versteckt, sondern sich im Gang des Gesprächs ganz von seinem persönlichen Charisma leiten läßt[68]. Hat der Seelsorger den Mut, »sich selbst ins Spiel zu bringen«[69], indem er sich den Fragen und Problemen der Menschen wirklich stellt, so sprengt er damit den Rahmen einer ihm zugeschriebenen institutionellen Autorität und erlangt eine, von der Gesellschaft wesentlich höher geschätzte, persönlich erworbene Autorität[70]. Das Gespräch hat ferner den Vorzug, daß all das, was sich an Fragen, Wünschen, Schwierigkeiten, Zweifel und Ärger bezüglich Glaube und Kirche angesammelt hat, zur Sprache gebracht werden kann. Die Offenheit des Hausbesuchs für alle läßt es zu, daß sich alle ins Gespräch mit der Kirche einbringen können und auch jene Stimmen zu Wort kommen, die sich sonst in der Kirche kein Gehör zu verschaffen wissen, obwohl sie gern ihre Anliegen vortragen würden. Es sind die konkret und einfach denkenden Menschen, die sich oft nicht getrauen, neben den mit großer Wort- und Sprachgewandtheit argumentierenden Akademikern (die in kirchlichen Gruppen und Gremien nicht selten glauben den Ton angeben zu müssen), ihre Meinung zu äußern[71].

Ein wichtiger Aspekt, der die Schwierigkeiten und Grenzen des persönlichen Gesprächs beim Hausbesuch betrifft, soll nicht verschwiegen werden. Echtes Gespräch kann nur gelingen, wenn die *inneren Voraussetzungen* dazu da sind: *Kontaktwilligkeit, Bereitschaft zum Abbau von Abwehrmechanismen, Dialogfähigkeit*[72]. Das sind sehr anspruchsvolle Kriterien einer Haltung, die wohl nur in seltenen Fällen dem (erwartet oder unerwartet) zum Besuch erscheinenden Seelsorger entgegengebracht wird. Das liegt in der Natur der gegenwärtigen Stellung der Kirche in der Gesellschaft, denn vor allem für die kirchlich distanzierten Katholiken (aber auch für nicht wenige aus dem Kreis der Gottesdienstbesucher) ist ja ein gewisser Abwehr-

[68] Vgl. *L. v. Deschwanden,* a. a. O. 398 f.

[69] *Zulehner,* Religion nach Wahl 140.

[70] *Zulehner* verweist die Träger eines pastoralen Berufes auf die soziologisch festgestellte Verlagerung in der Bedeutung von Autoritätsinstanzen: »sach- und leistungsgebundene, persönliche, damit erworbene Autorität wiegen heute mehr als die Berufung auf die Tradition und institutionelle Rechte. Der institutionelle Rahmen, in dem sich heute kirchlicher Beruf realisiert, ist somit viel weniger imstande, die Tätigkeit des Amtsträgers abzusichern, als dies früher der Fall war« (ebd.)

[71] Man vgl. nur einmal die (weithin mittelschichtorientierte) Zusammensetzung der Pfarrgemeinderäte oder die der vergangenen Würzburger Synode. Ergebnis: von den ca. 156 Laiensynodalen waren nur 13 aus der Berufsgruppe der Arbeiter, Handwerker und Landwirte, aber 48 mit dem akademischen Doktorgrad! Vgl. Offizielle Gesamtausgabe II, 260–299.

[72] Vgl. *A. Walz,* Wie Begegnung gelingt, in: Signum 49 (1977) 102–105.

mechanismus zur Erhaltung der »affektiv-kognitiven Konsistenz«, wie *Schmidtchen* es nennt, notwendig[73]. Der Seelsorger wird in diesen Fällen immer wieder spüren, daß die Beziehung zwischen ihm und den Besuchten kein echtes Gespräch aufkommen läßt[74]. *Klaus Winkler* beschreibt diesen psychologischen Vorgang aus der Sicht des Besuchten, der sich der zunächst einseitig kirchlichen Aktivität gegenüber zögernd und hilflos verhält: »So empfindet er jeden An-Spruch als Forderung, deren Tragweite er nicht absehen kann. Er reagiert oberflächlich angepaßt, ist höchst peinlich berührt, schließt sich instinktiv ab. Er mißtraut neuen Kontakten, weil sie zu viele unbekannte Größen für ihn einschließen. Kirche ist dann oft ein geradezu unheimlicher Faktor, dessen Grenzen sich bei seinem bloßen Wissen um die ›allgemeine Stimmung‹ und Mangel an selbständigem Urteil nicht abstekken lassen«[75].

Ich glaube, damit ist ein realistisches Bild auch von den Grenzen des Gesprächs beim Hausbesuch gezeichnet. Ein in der »beratenden Seelsorge« ausgebildeter Pfarrer ist sich dieser Grenzen bewußt; aber er ist auch fähig, sich den Bedingungen, unter denen das Gespräch beim Hausbesuch zustande kommen soll, entsprechend zu verhalten. Denn der »beratenden Seelsorge« geht es ja gerade darum, den *Menschen zu echter zwischenmenschlicher Beziehungs- und Begegnungsfähigkeit zu verhelfen*[76]. Unter diesem Vorzeichen sehe ich die Hoffnung, daß eine erste Kontaktaufnahme bei Hausbesuchen nicht grundsätzlich zum Scheitern verurteilt ist dadurch, daß sich die von der Kirche »äußerlich« zurückgezogenen Katholiken instinktiv auch innerlich zurückziehen und eine Abwehrstellung einnehmen, wenn sie von der Kirche persönlich angesprochen werden. Wenn es dem Seelsorger gelingt, zunächst die inneren Blockierungen, die den Besuchten hindern, in ein echtes Gespräch zu kommen, lockern zu helfen[77], dann könnte der Teufelskreis von als mißlungen erfahrener Kommunikation und folglich weiterer Bestätigung der Distanz zum Gesprächspartner »Kirche« an diesem Punkt durchbrochen werden[78].

[73] Vgl. *Schmidtchen,* Zwischen Kirche und Gesellschaft 56.

[74] *H. Stenger* erinnert den Seelsorger an die allgemeine kommunikationstheoretische Erkenntnis, »daß im Gespräch neben dem Inhalt, der durch Worte vermittelt wird, die Art und Weise der Beziehung zwischen den Sprechenden eine beträchtliche Rolle spielt. Im Blick auf eine mögliche Glaubenserfahrung verdient der Beziehungsaspekt besondere Aufmerksamkeit«, in: Lebendige Seelsorge 26 (1975) 154.

[75] Pastoralpsychologische Aspekte des Gemeindebesuchs, in: Wege zum Menschen 15 (1963) 201.

[76] Vgl. *H. J. Clinebell,* Modelle beratender Seelsorge. München-Mainz [3]1977, 10 ff.

[77] Vgl. ebd. 17.

[78] Vgl. *J. Matthes,* Volkskirchliche Amtshandlungen, in: *ders.* (Hrsg.), Erneuerung der Kirche, a. a. O. 111.

Kommunikation mit »faktischen Nichtmitgliedern«[79]*:* Nachdem gerade in unserer Zeit Wert und Bedeutung der menschlichen Kommunikation durch die Humanwissenschaften stärker als je zuvor bewußt geworden sind, kann das Ziel der Hausbesuche in der Pfarrgemeinde, nämlich der Kommunikation untereinander zu dienen, nicht hoch genug eingeschätzt werden. Je nachdem, mit welchen Menschen die Seelsorge in Kommunikation tritt, wird sich dieser Beziehungsvorgang sehr unterschiedlich ausnehmen. Für die Gruppe derer, die am kirchlichen Leben gar nicht teilnehmen, also die »faktischen Nichtmitglieder«, kommt eine Kommunikation mit Pfarrgemeinde oder Pfarrer – von Mensch zu Mensch – so gut wie nicht vor. So gesehen, leben diese Katholiken außerhalb persönlicher Kommunikationsbeziehungen mit der Kirche, ja ihre Beziehung muß als Zustand der faktischen »Ex-kommunikation« bezeichnet werden. Unsere Sprache stößt uns wiederum auf die tiefere Bedeutung und Wirklichkeit. Der bekannte Soziologe *P. L. Berger* hat die lebensmächtige Bedeutung von Gespräch und Kommunikation in die Worte gefaßt: »Wenn das Gespräch abbricht, beginnt die Welt zu wanken und verliert ihre subjektive Plausibilität. Die subjektive Wirklichkeit der Welt hängt mit anderen Worten am dünnen Faden des Gesprächs«[80].

Für die Katholiken, denen der Faden des Gesprächs mit der Kirche gerissen ist, hat Kirche somit ihre wirkliche (d. h. wirksame) Anwesenheit verloren. Die Anknüpfung dieses Gesprächsfadens durch einen Hausbesuch bewirkt deshalb zunächst einmal, daß die Anwesenheit (überraschend, unerwartet, willkommen oder ablehnend) auf jeden Fall überhaupt wahrgenommen werden kann[81]. Die Präsenz der Kirche inmitten der Gesellschaft wird für sie so erst wieder sichtbar und spürbar. Bei der im Hausbesuch angezielten Eröffnung von Kommunikation mit »faktischen Nichtmitgliedern« geht es also in erster Linie darum, *überhaupt eine Beziehung zu ihnen herzustellen.* Hier ergibt sich eine Schwierigkeit: Sind denn die Gesprächspartner nicht restlos überfordert, wenn sie nach vielen Jahren der Ausblendung kirchlicher Existenz plötzlich Beziehungen mit kirchlichen Gesprächspartnern aufnehmen sollen[82]? Realistischerweise wird man diese Frage bejahen und

[79] Die Benennung der verschiedenen Kirchenmitgliedschaftsformen erfolgt nach der Typologie von *P. M. Zulehner,* Religion nach Wahl 15–25 und in: *Wiener/Erharter* (Hrsg.), Pfarrseelsorge von der Gemeinde mitverantwortet 94 f.

[80] Zur Dialektik von Religion und Gesellschaft, Frankfurt 1973, 17 f.

[81] *H. Neundorfer* kam nach dreijähriger Erfahrung als Arbeiterpriester und ehrenamtlicher Pfarreiseelsorger in Nürnberg zu der Feststellung: »Die Entchristlichung nimmt sehr schnell überhand, nicht durch antichristliche Lehre oder Affekte, sondern einfach durch Abwesenheit der Kirche und durch Unkenntnis des Evangeliums.«, in: Diakonia 6 (1975) 127.

[82] Vgl. das Arbeitspapier »Kirche und gesellschaftliche Kommunikation« der Gemeinsamen Synode, wo es heißt: »Die Sachkommission VI gibt den Seelsorgern zu bedenken, daß es nicht nur in kleinen Gemeinden, aufgrund der anerkannten sozial-hierarchischen Gege-

einsehen, daß ein Gespräch in dieser Situation mit vielen Kommunikationsstörungen zu rechnen hat, weil – neben der »Inhaltsstufe« – vor allem die »Beziehungsstufe« alles andere als klar ist[83].
In der Praxis wird das spürbar etwa an dem fehlenden Vertrauen dieser Katholiken zur Kirche und ihren Trägern[84]. Deshalb wird in diesem Fall ein Gespräch möglicherweise nur dann gelingen, wenn der besuchende Seelsorger dem Besuchten gegenüber zum Ausdruck bringen kann, daß er dieses Mißtrauen mit der Vertrauenswürdigkeit seiner Person aufwiegen möchte. Vielleicht genügt dazu eine Gesprächshaltung, die bemüht ist, die eigene Meinung zurückzuhalten, um zuerst die des anderen kennenzulernen. Eine Haltung, die ferner dem anderen das Sprechen erleichtert, indem man ihn dort abholt, wo er (soweit er es zu verstehen gibt) gerade steht, gut zuzuhören vermag und nicht gleich meint, die Vorurteile des anderen korrigieren zu müssen[85]. Die Kommunikation in der Kirche lebt davon, »daß die Partner ihre gesellschaftlich präformierten und häufig auch diskrepanten Erwartungen und Bedürfnisse vorbringen«[86]. Es kann leicht zu einem die Besuchenden schließlich frustrierenden Mißverständnis führen, wenn sie sich an die Vorstellungen von einem Ziel des Hausbesuchs klammern, wie sie in dem (sonst sehr hilfreichen) Buch von *Pünder* formuliert wird: »Es geht beim Besuch also um gar nicht viel: ein wenig Kontakt, ein wenig ›Brücke‹, über die der andere gehen kann, wenn er es will. Keiner soll das Gefühl haben, verloren am Rand zu stehen ...«[87]. Das läßt kaum etwas von der Bedeutungsschwere menschlichen Kontaktes und menschlicher Kommunikation erahnen. Und es sollte um mehr gehen, als bloß »ein wenig Kontakt« anzubieten; es geht letztlich darum, daß es nach hohem persönlichem Einsatz, Sensibilität und großer Geduld[88] im pastoralen Handeln möglich wird, daß das von nicht wenigen verlorene Vertrauen zur Kirche zu wachsen beginnt.

benheiten, Kommunikationsbarrieren zu überwinden gibt, sondern auch in den Großstädten, deren Bewohner Teilbereiche ihrer Wirklichkeit notgedrungen mit Stereotypen möblieren müssen: Dazu gehören nicht selten ›Kirche und Priester‹, besonders dann, wenn nie ein Priester mit am Tisch der Familie gesessen hat. Insofern können Hausbesuche heute pastoralkommunikativ um vieles wichtiger sein als manche anderen Gemeinde-Aktivitäten«, in: Offizielle Gesamtausgabe II, 243.

83 Vgl. *P. Watzlawick u. a.,* Menschliche Kommunikation. Bern ^{4}1974, 81.

84 Vgl. *R. Wick,* Der Weg zu den kirchlich Entfremdeten, in: Der Seelsorger 35 (1965) 200–206.

85 Ebd. 201.

86 *W. Bartholomäus,* Kommunikation in der Kirche, in: Concilium 14 (1978) 63.

87 *G. Pünder,* Von Tür zu Tür. Würzburg 1974, 24.

88 Vgl. *J. E. Mayer,* Systematische Hausbesuche in der Großstadt: »Wenn alle Pfarrgemeinden einer Stadt, Priester und Laien, beginnen, in liebevollem Kontakt mit allen ihren Mitmenschen zu leben, dann könnte ich mir denken, daß in 20 oder 30 Jahren ein ganz neues Verhältnis des Vertrauens zwischen der ›Kirche‹ und den Menschen einer Stadt entsteht«, in: Kirche in der Stadt II (hrsg. vom Österr. Seelsorgeinstitut), Wien 1968, 213.

Kommunikation mit »Auswahlchristen«: Hausbesuche bei »faktischen Nichtmitgliedern« haben zum Ziel, die Basis für eine Kommunikationsfähigkeit mit der »Kirche« überhaupt zu suchen. Die Kommunikation mit »Auswahlchristen« unterscheidet sich hierbei dadurch, daß Begegnungserfahrungen aus dem (beiden Gesprächspartnern gemeinsamen) kirchlichen Raum eine Basis für ein erstes Gespräch und erste Kontakte darstellen. Ziel einer Kommunikation muß es also sein, *sich über diese Erfahrungen mit Religion, Kirche und Glaube zu verständigen,* d. h. zu besserem Verstehen zu bringen, was eine auf monologische Kommunikation beschränkte Verkündigung bei »Auswahlchristen« allein nicht erreichen kann. Distanzierte Katholiken, »Auswahlchristen« sind durch ihr auswählendes Verhalten gegenüber kirchlichen Angeboten charakterisiert. Damit stellt sich leicht die Situation ein, daß sie vom Geschehen und der Erlebniswelt der Kerngemeinde nicht mehr alles mitbekommen; folglich schwinden auch die Möglichkeiten, mit anderen Gemeindemitgliedern in kommunikative Beziehung zu treten. Dies führt schließlich dazu, »daß die religiösen Inhalte sich in einem separaten Erfahrungsraum weiterentwickeln und nur noch auf jene Erlebniswelt zurückbezogen werden können«[89], während diese Katholiken aufgrund der Veränderungen und Entwicklungen in der Kirche (besonders in Liturgie und Sakramentenpastoral) ihr Zugehörigkeitsgefühl zur Gemeinde langsam verlieren[90].

Eine tragfähige Kommunikation mit »Auswahlchristen« wird wohl nur zustande kommen, wenn sich der Seelsorger ganz in die Lage des anderen hineinversetzen kann, was für das Gespräch bedeutet: Der Standort des anderen muß in einer Sprache transparent werden, die nicht aus dem kirchlichen Denksystem bezogen wird, sondern allein aus der individuellen Lebenserfahrung des Kirchenmitglieds[91]. Inhaltlich ist es für das Gespräch bedeutsam, daß der andere sich selbst, sein Verhältnis und seine Distanz zur Kirche zur Sprache bringen kann. Das Schlimmste ist, nach Meinung der Kommunikationswissenschaftler, für einen Menschen, wenn er von jeglichem Gespräch mit anderen abgeschnitten ist, wenn ihm die »Sprachlosigkeit« droht[92]. Aus den Erfahrungsberichten über Hausbesuche in der Pfar-

[89] *R. Schloz,* Erneuerung der alten Kirche – Reform oder Restauration?, in: *J. Matthes* (Hrsg.), Erneuerung der Kirche, a. a. O. 44.

[90] Vgl. *Zulehner,* Kirche und Priester 82: »Es gibt offenkundig nicht wenige Menschen, die auf Grund der Veränderungen ihr Heimatgefühl in der Kirche verlieren.« – *ders.,* Religion nach Wahl 118: »Auswahlchristen, die unregelmäßig an der Liturgie teilnehmen, können durch rasche Reformen der Texte, Lieder und Riten noch weiter (emotional) ihrer Gemeinde entfremdet werden ... Das spricht natürlich nicht gegen liturgische Reformen ... Doch müssen solche sozialpsychologischen Vorgänge bei diesen Reformen bedacht werden.«

[91] Vgl. *Schloz,* a. a. O. 50. – *W. Bartholomäus:* »Für Inhalt und Sprache kirchlicher Kommunikation ist die Situation der Partner theologische Erkenntnisquelle« (a. a. O. 67).

[92] Denn im Akt des Sprechens stellt sich der Mensch dar, er drückt *sich* aus, ja Kommunikation ist Voraussetzung für die Identitätsbildung, weil die nur im ständigen Vorgang des Miteinanderkommunizierens erlangt wird. Vgl. dazu *L. Krappmann,* Soziologische Dimensionen der Identität. Stuttgart [4]1975, 12. – *Bartholomäus,* a. a. O. 65.

rei ist immer wieder zu hören, wie befreiend es für distanziert Kirchliche ist, wenn sie sich über ihr Verhältnis zu Glaube und Kirche äußern können. Nicht wenige leiden mitunter an der tatsächlichen Sprachlosigkeit ihrer religiös-kirchlichen Erfahrungen. Im Gespräch mit ihnen wird es darauf ankommen, ihnen gleichsam den Schlüssel zur Öffnung ihrer blockierten Erlebnisbereiche zuzuspielen. Als besondere Gesprächsform mit Auswahlchristen empfiehlt *Zulehner* – neben der non-direktiven – die aggressive Gesprächstechnik, weil sie die von Vorbehalten und Aggressionen blokkierten Gespräche wieder fruchtbar in Gang zu setzen vermag[93]. So liegt in einer tragfähigen Kommunikation mit »Auswahlchristen«, wie sie sich beim Hausbesuch ergibt, die Möglichkeit, daß der Abstand zwischen ihnen und der Gemeinde (Kirche) nicht zwangsläufig größer werden muß.

Kommunikation mit »Kirchenchristen«: War die Basis der Beziehung zur Kirche – als Vorbedingung für ein gutes persönliches Gespräch – bei »Auswahlchristen« nur auf wenige Begegnungen mit kirchlichem Leben beschränkt, so hat die Kommunikation mit »Kirchenchristen« den Vorteil, auf einer breiten (emotionalen) Basis aufbauen zu können. Wenn auch die Startbedingungen für ein Gespräch mit »Kirchenchristen« günstiger sind, so ist damit keineswegs schon das Ziel eines echten Gesprächs gesichert. Da ein Teil der »Kirchenchristen« ihren Pfarrer ausschließlich von Gottesdienstbesuchen her kennt, besteht für beide Gesprächspartner zumindest die Gefahr, sich einem Rollenzwang zu unterwerfen gemäß der Rollenverteilung und den Kommunikationsmustern im Gottesdienst. Dies kann sich auf das Gespräch (z. B. durch Unterwürfigkeit, übertriebene Höflichkeit, Korrektheit usw.) sehr störend auswirken und für den Pfarrer ein unbefriedigendes Gefühl hinterlassen. Soll ein Gespräch vor dieser Oberflächlichkeit und letztlich nichtssagenden Kommunikation bewahrt bleiben, dann darf die subjektive Identität des Priesters nicht hinter seinem Sagen, seiner Autorität, nicht hinter seinem Amt und der Institution »Kirche« verschwinden, sondern muß in der Kommunikation zur Selbstdarstellung kommen[94]. Indem der Seelsorger als Gesprächspartner seine *persönliche Offenheit im Verlauf des Gesprächs überzeugend zur Darstellung* bringt, erleichtert er damit dem anderen, sich und seine Erfahrung ebenso offen artikulieren zu können[95]. Wenn das Gespräch auf diese Weise zur bedeutungsvollen Begegnung wird, hat sie für »Kirchenchristen« die wichtige Funktion der Stabilisierung und Bestätigung (»Es ist gut, daß ich zur Gemeinde ganz

[93] Vgl. Religion nach Wahl 114: »Daß es derartige Aggressionen unter Auswahlchristen reichlich gibt, ist aus den Untersuchungen hinlänglich bekannt. Mit Vorliebe entstehen sie bei jenen Themen, bei denen es einen Konflikt zwischen den kirchlichen und gesellschaftlichen Wertsystemen gibt ...«

[94] Vgl. *Bartholomäus,* a. a. O. 66. – *L. v. Deschwanden,* a. a. O. 403.

[95] Vgl. *R. Zerfaß,* Herrschaftsfreie Kommunikation – eine Forderung an die kirchliche Verkündigung?, in: Diakonia 4 (1973) 349.

dazugehöre«)[96]. Die Ermöglichung von Kommunikation beim Besuch von »Kirchenchristen« hat ferner deshalb hohe Bedeutung, weil darin die Chance liegt, die befreienden Kräfte »herrschaftsfreier« Kommunikation in der Kirche und im Leben der Christen wirksam werden zu lassen.[97]

Persönliche Lebenshilfe: Der Hausbesuch wird in der Pastoraltheologie definiert als »das eigentliche Mittel, den Menschen in ihren sehr konkreten Nöten des täglichen Lebens zu helfen«[98]. Der Hausbesuch, der sich als Ziel setzt, den Menschen zu helfen, kann sein Selbstverständnis wohl nur aus der Hoffnung des Christen beziehen, daß dieses »Für uns Menschen und um unseres Heiles willen ...« des Glaubensbekenntnisses eine erfahrbare Wirklichkeit ist[99]. Der kirchliche Besucher kann und soll auch keine vorgefertigten Hilfsangebote machen. Die Haltung einer nach außen gekehrten Erhabenheit über alle Probleme und das heimliche Bewußtsein »Jetzt bring ich euch armen ›Schluckern‹ das Heil!« verbietet sich für den helfenden Seelsorger von selbst. Die Gefahr ist trotzdem sehr groß, daß sich bei der anderen zugedachten Hilfe eigene Bedürfnisse einschleichen[100].
Das Hilfsangebot des Seelsorgers wird deshalb zunächst allein darin bestehen, auf den anderen hinzuhören, ihm wirklich zuzuhören. Nur dadurch kann der Besuchende seinem Gesprächspartner zu verstehen geben, daß es ihm grundsätzlich »ernst ist mit der Absicht, sich an der Bedürftigkeit derer zu orientieren, für die er eintreten will«[101].

Hilfe in sozialer Not: Was demjenigen, der Hausbesuche in der Pfarrgemeinde macht, an Not zuerst auffällt, sind die verschiedenen sozialen Notlagen der Menschen. Es ist bekannt, daß die soziale Not heutiger Menschen überwiegend davon herrührt, daß die menschlichen Beziehungen auf leidvolle Weise gestört sind, seltener, weil die materielle Armut so bedrückend

[96] *Martin Buber* schreibt: »In allen Gesellschaftsschichten bestätigen Menschen einander ... in ihren menschlichen Eigenschaften und Fähigkeiten, und eine Gesellschaft kann in dem Maße menschlich genannt werden, in dem ihre Mitglieder einander bestätigen ...«, zit. nach: *Watzlawick u. a.,* a.a.O. 85.

[97] Vgl. *Bartholomäus,* a.a.O. 64: »Aus theologisch-kommunikationstheoretischer Perspektive erscheint die Sache Jesu als von Gott ermöglichte und geschenkte herrschaftsfreie Kommunikation ... Jesus selbst hat Freiheit von allen unterdrückenden Mächten und Freiheit zu grenzenloser Kommunikation gewollt und verwirklicht.«

[98] *A. A. G. Hendriks,* Artikel »Hausbesuch«, in: Handbuch der Pastoraltheologie V (Lexikon). Freiburg 1972, 196.

[99] Vgl. Zulehner, Kirche und Priester 30. – *ders.,* »Missionarische Gemeinde« – Abschied von einer Illusion?, in: Signum 49 (1977) 7.

[100] Vgl. *Pünder,* a. a. O. 111. – *H. Stenger* nennt die Befriedigung eigener Interessen »blinde Passagiere«; der Helfende sollte sich deshalb über die Motive seines Handelns bewußt werden und sich u. a. die Kontrollfrage stellen: »Kann es sein, daß ich mich zu Schwächeren besonders deswegen hingezogen fühle, weil ich ihnen gegenüber die Möglichkeit des ›Herrschens durch Helfen‹ finde?«, in: Lebendige Seelsorge 26 (1975) 155.

[101] Gemeinsame Synode, Arbeitspapier »Die Not der Gegenwart und der Dienst der Kirche«, in: Offizielle Gesamtausgabe II, 114.

ist. Zu diesem Personenkreis zählen in der Großstadt mehrheitlich alte, kranke, körperlich oder geistig behinderte Menschen und ihre Familien sowie alleinstehende Mütter oder Väter, Alkoholiker, Geschiedene, Obdachlose. Seelsorger, die ihre Pfarrei durch Hausbesuche näher kennengelernt haben, müssen oft überrascht feststellen, daß sie mit so viel Not und Elend in ihrer Gemeinde eigentlich nicht gerechnet hatten[102]. Wie kann der gemeindliche Besucher helfen, wenn er die Menschen in ihrer Lage zu Hause erlebt? Zum einen geht es darum, sich von der Not des anderen ergreifen zu lassen und somit das Leid mit ihm zu teilen, ihn der Solidarität zu versichern. Das hat die Konsequenz, daß der Helfende sein Wissen um die Not anderer nicht für sich behält, sondern sich als Stimme der von der Öffentlichkeit ignorierten Notleidenden versteht; die unmenschliche Absonderung in eine Welt der Behinderten, Alten, »Asozialen« und Einsamen könnte dadurch gemindert werden. Zum anderen verlangt soziale Not Menschen, die mit ihren Händen zupacken, die ihre Zeit opfern, um für andere einzuspringen; denn echte Seelsorge bedeutet sicherlich Sorgetragen für den Menschen »aus Fleisch und Blut«[103]. Es gibt zu der Frage, ob die Besuchsdienste in der Pfarrei etwa in zwei verschiedene Helfergruppen – eine Caritasgruppe und eine Wohnviertelapostolatsgruppe – aufgeteilt werden sollen, eine interessante Umfrage, die von den Verantwortlichen des Seelsorgebezirks (= Region) Hellweg im Erzbistum Paderborn gestartet wurde (Mai–Juli 1976)[104]. Das Ergebnis aus 44 Pfarrgemeinderäten erbrachte eine zwei Drittel starke Ablehnung der Trennung in karitative und apostolische Besuchsdienste, wobei die Begründung eine große Rolle spielte, daß die Antworten der christlichen Gemeinde nur dann glaubwürdig werden, wenn sie sich mit dem Zeichen der brüderlichen Hilfe verbinden.

Hilfe zur rationalen Sinngebung: Ein anderes Feld gesellschaftlicher Hilfsbedürftigkeit liegt mehr auf der kognitiven Ebene: die *vernünftige Erklärung des eigenen Christseins und die Bemühungen um Dissonanzminderung.* Sicher können Hausbesuche hier nicht an die Stelle kirchlicher Erwachsenenbildung treten, um die geistige Auseinandersetzung der Christen mit den wichtigen Lebensfragen von heute zu fördern. Der Vorteil des Hausbesuchs

[102] Vgl. *J. E. Mayer,* a. a. O. 209, worin er Begegnungen mit der erschütternden Lage vieler alter Menschen schildert. – Vgl. *Görges-Kellerhoff-Weber-Wessel,* a. a. O. 100 f: »Es gibt Gruppen, die außerhalb oder am Rande der Gesellschaft leben. Dazu gehören die geistig- und körperbehinderten Kinder und Jugendlichen. Wir hatten nie erwartet, daß diese Gruppe in einem neuen Stadtteil so groß sei.«

[103] Vgl. *H. Köllen,* Unsere Seelsorge an ›Fernstehenden‹, in: Lebendige Seelsorge 23 (1972) 97–104: Um des einzelnen willen, der in Not ist, wird der Seelsorger Kontakt aufnehmen mit dem zuständigen Sozialarbeiter, den Behörden, »um mit vereinten Kräften zu helfen. So kann deutlich werden, daß man weder auf herablassende Betreuung aus ist noch auf Proselytenmacherei« (102).

[104] Vgl. *M. Reichmann,* Aufteilung des Besuchsdienstes in zwei Helfersysteme – Ergebnis einer Umfrage, in: Signum 49 (1977) 121–123.

aber ist, daß man auf Menschen trifft, denen Kirche und Glaube viel zu fragwürdig erscheinen, als daß sie sich zu solchen Veranstaltungen einfinden würden. Die Ergebnisse der Synodenbefragungen haben jedoch gezeigt, daß bei den Personen mit höherer Bildung oder Hochschulabschluß die Bewertung des persönlichen Gesprächs den höchsten Rang unter den Aufgaben des Priesters belegt. Weiter ist bekannt, daß von den Katholiken mit höherem Bildungsgrad (mittlere Reife bis Hochschule) die Dissonanz zwischen Kirche und Gesellschaft am stärksten erlebt wird und infolgedessen die Austrittsbereitschaft bei ihnen am höchsten ist[105]. Hilfe durch das Gespräch beim Hausbesuch bestünde demnach darin, die Dissonanzerfahrung zu mindern. Soweit die als Dissonanz erlebten Erwartungen der Kirche nicht unmittelbar vom Anspruch der Botschaft Jesu herrühren, müßte das Ziel sein, die Dissonanzen abzubauen. Wie kann dies geschehen? Durch eigene Informationsbeiträge aus Theologie und Humanwissenschaften und besonders durch die Bereitschaft zum gemeinsamen Suchen nach Problemlösungen. Im Prozeß vernünftigen, allein dem gegenseitigen Verständnis dienenden Argumentierens (»herrschaftsfreie Kommunikation«) werden ganz natürliche Vorurteile beider Gesprächspartner aufgearbeitet. Dissonanzen können dann als gemindert betrachtet werden, wenn man am Ende eines Gespräches die Entdeckung macht: Wir haben uns in einem wichtigen Punkt gemeinsamer Grundüberzeugungen getroffen. Für Menschen, die sich in ihrer rationalen Verarbeitung der Dissonanzerfahrungen von der Kirche alleingelassen sehen, kann es eine echte Hilfe sein, durch die gegenteilig positive Erfahrung den Sinn des eigenen Christseins wieder zu erkennen.

Hilfe in seelischer Not: Eines der anspruchsvollsten, aber auch eigentlichsten Ziele des pastoralen Hausbesuchs ist die Hilfe in seelischer Not. Bei der Frage nach den möglichen Gründen der hohen Nachfrage nach dem persönlichen Gespräch ergab sich ja, daß dahinter als Hauptmotiv ein tiefes Verlangen nach sinnstiftender Lebenshilfe steht[106]. Was kann dazu eine auf Hausbesuche ihr Augenmerk richtende Pastoral beitragen? Pfarrer berichten immer wieder, wie selten es bei Hausbesuchen zu einem religiösen Gespräch komme und wie schwierig es sei, ein solches Gespräch überhaupt in Gang zu bringen[107]. Der (scheinbare) Widerspruch zwischen dem vorhandenen Verlangen nach Sinngebung und Bewältigung existentieller Krisen

[105] Vgl. *Zulehner,* Einführung in den pastoralen Beruf 81.

[106] Vgl. ebd., 71: »Soziologen sprechen unverblümt vom ›Sinnverlust‹ in der modernen Gesellschaft. Psychotherapeuten vermerken, daß diese Gesellschaft die Menschen auch ›krank‹ macht und daß ›existentielle Frustration‹ zunimmt.«

[107] Vgl. *J. E. Mayer,* a. a. O. 208: »Viel seltener als ich erwartet oder gewünscht hätte, werden religiöse Fragen aufgeworfen ... Nur die Frage nach dem Warum schwerer Schicksalsschläge wird öfter laut. Freilich ist eine christliche Antwort darauf deswegen sehr problematisch, weil der christliche Glaube, den sie voraussetzt, bei den meisten nicht vorhanden ist.«

und Ängste einerseits und dem Nichtannehmen angebotener religiöser Sinngebungshilfen andererseits ist höchst auffällig. Ein wichtiger Grund dafür liegt wohl darin, daß sich die Seelsorger zu wenig die Frage stellen, welche pastorale Hilfen der andere in seiner Verfassung und Situation wirklich braucht, ob die Hilfe des Glaubens, des religiösen Gesprächs in der angebotenen Form tatsächlich für den anderen annehmbar ist[108]. Doch es gilt auch, die Grenzen des Möglichen zu beachten: Ein Gespräch in der existentiellen Dimension, wo es um persönliche Lebensbewältigung und sinnstiftenden Glauben geht, sollte man nur auf der Grundlage eines schon vorhandenen Vertrauensverhältnisses führen[109]. Aufgabe des systematischen Hausbesuchs (Besuche ohne vorgegebenen Anlaß) kann es – in Richtung sinnvoller Lebenshilfe – vorläufig nur sein, daß der Seelsorger, um die existentiellen Nöte der Menschen erst einmal zu erfahren, mit viel Feingefühl darauf achtet, ob sein Gesprächspartner in verbalen und non-verbalen Äußerungen etwas von seiner Lebensnot mitteilen möchte. Denn vielfach ist »das Verlangen nach existentieller Hilfe weniger augenfällig; es mag als gelangweilte Ziellosigkeit oder als eine ins Leere gehende Sehnsucht verkleidet sein«[110]. Anders wird die pastorale Hilfe aussehen, wenn Hausbesuche bei den *Gemeindemitgliedern* gemacht werden, die *in existentiellen Krisen und Konflikten, an Wendepunkten ihres Lebens* stehen und vom Seelsorger offensichtlich Hilfe erwarten. Das sind oft auch die Situationen, in denen der Pfarrer von Amts wegen mit den Leuten zusammenkommt: Taufe (Taufgespräch), Trauung (Traugespräch), Krankensalbung (Krankenbesuch), Beerdigung (Kondolenzbesuch, Trauerpastoral nach der Beerdigung) u. a. Wie kann der Pfarrer, der »als Bürge für Sinn und Wert, für gute Tradition und gute Zukunft« zählt[111], im persönlichen Gespräch lebensnotwendende Hilfe des Glaubens vermitteln? So einfach es gesagt ist, so schwer ist es in der Wirklichkeit, weil hier der Seelsorger mit dem, was er persönlich glaubt, liebt und lebt, angefordert ist, weil überdies von ihm ein feines Gespür für die Psyche des Menschen verlangt wird[112]. Meist wird es darum gehen, daß der Seelsorger jedes – wenn auch noch so ansatzweise volkstümliche, »religionsverbrämte« – Sicherheitsbedürfnis, das Menschen in seelischer Not im christlichen Glauben suchen, unbedingt ernst nimmt und auffängt[113]. *Winkler* sieht den Weg zur Hilfe so: »Ziel der kirchlichen Anrede ist in

[108] Vgl. *Schilling,* Pastorale Praxis im gesamtgesellschaftlichen Kontext, a. a. O. 525.

[109] Vgl. *Clinebell,* a. a. O. 245.

[110] *Clinebell,* a. a. O. 245.

[111] *Hild,* Wie stabil ist die Kirche, a. a. O. 280.

[112] Vgl. *H. J. Thilo,* Die »seelsorgerliche Atmosphäre«, in: Wege zum Menschen 6 (1954) 46: »Es ist geradezu erschütternd, zu erleben, wie Amtsbrüder mit viel Sorgfalt und großem geistlichen Ernst gerade an die persönliche Seelsorge herangehen und in vielen Fällen häufig tief deprimiert durch die vermeintliche Erfolglosigkeit von ihrem Tun ablassen, weil ihnen die einfachsten psychologischen Voraussetzungen abgehen.«

[113] Vgl. *Zulehner,* Heirat – Geburt – Tod 46: »Stehen wir nicht in Gefahr, vor lauter Sorge um einen reinen oder gereinigten christlichen Glauben die tiefe Lebensnot zu übersehen, die

dieser Situation nicht die Aufklärung falscher Vorstellungen! Ziel ist vielmehr, beim Besuchten unter der Decke von Passivität, eingeschliffenen Haltungen, individuellen Gehemmtheiten ein Stück Aktivität in Hinsicht auf Glaubensansätze zu bemerken. Diesen individuellen Ansatz gilt es durch die eigene Haltung des Amtsträgers bei sachlicher Mitteilung christlichen Glaubensinhaltes zu fördern«[114].

Verbundenheit mit der Gemeinde: Wenn sich eine Pastoral der Hausbesuche schließlich als weiteres und letztes Ziel setzt, die Verbindung des einzelnen Gemeindegliedes mit der Gesamtgemeinde zu stärken, so muß dieses Bemühen bei den heutigen Verhältnissen *in zwei verschiedenen Richtungen* gesehen werden: Zum einen geht es darum, daß distanzierte Gemeindeglieder über Hausbesuche den Weg zur »Gemeinde« finden; zum anderen werden Besuche bei Kerngemeindlichen – neben der wichtigen Stabilisierungs- und Bestätigungsfunktion – einen zur Erneuerung ermunternden Charakter tragen[115], indem sie vor allem den Anstoß geben, über den Kreis der Gottesdienstgemeinde hinaus Kontakt mit *allen* Gemeindegliedern zu suchen. Hausbesuche dürfen nicht als bloßes Werkzeug zur »Eingliederung« in die Kerngemeinde benützt werden. Dann würde die Verbindung zur »Gemeinde« sehr einseitig, nur von den Distanzierten her als deren Rückkehr verstanden werden. Ziel der Hausbesuche wird es vielmehr sein, eine *beidseitige Annäherung von Kerngemeinde und distanzierten Christen* zu erreichen, denn die gottesdienstliche Kerngemeinde wird sich hüten müssen, sich selbst zum Maßstab für die Gemeinde Jesu zu nehmen, ohne eigene Bereitschaft zur Umkehr. Pointiert ausgedrückt heißt das Ziel: *Nicht Bindung an, sondern Verbindung mit der Gemeinde.*
Die Gründe für eine Verbundenheit des Christen mit einer Gemeinde sind sozialpsychologischer und theologischer Art: Zum einen braucht der Glaubende den tragenden Schutz der Gemeinschaft einer Gruppe, zum anderen – und das ist das theologische Argument – läßt sich nur durch die Gemeinschaft von Glaubenden (= Ekklesia, Kirche) garantieren, »daß Menschen zum Glauben kommen an die Person und die Sache Jesu, aus diesem Glauben in geduldiger Hoffnung ihr Leben gestalten und so in der Solidarität mit anderen Glaubenden vor der Welt zum glaubwürdigen und einheitsstiftenden Zeichen werden«[116]. Wenn die *Notwendigkeit der Gemeindebildung*

hinter der Religiosität sehr vieler Menschen steht? Wenn wir weiterhin so mit volkstümlicher Religiosität verfahren, dann könnte am Ende zwar unser christlicher Glaube ›gereinigt‹ sein, zugleich wäre er aber steril und lebensunwirklich – lebensunwirksam geworden.«

[114] *Winkler,* Pastoralpsychologische Aspekte des Gemeindebesuchs, a. a. O. 206 f.

[115] Vgl. *Chr. Bäumler,* Gemeindeaufbau, in: *F. Klostermann – R. Zerfaß* (Hrsg.), Praktische Theologie heute. München-Mainz 1974, 429: »Gottesdienst und Diakonie, Seelsorge und kirchliche Amtshandlungen, Konfirmandenunterricht und Hausbesuche haben entlastende und innovierende Funktionen.«

[116] *Zulehner,* Religion nach Wahl 87.

für den christlichen Glauben des einzelnen als allgemeines Ziel des Hausbesuchs anerkannt wird, so hat das die Konsequenz, daß unter dieser Zielsetzung zuerst die »Kirchenchristen« besucht werden müssen. Sie müssen fähig werden, Gemeinschaft anzubieten für diejenigen, die – um in den christlichen Glauben hineinzuwachsen – den Anschluß an eine lebendige Gemeinde dringend brauchen. Dazu wird es sicher nötig sein, erst die Sozialkontakte unter den »Kirchenchristen« selbst zu verbessern, bevor man darangehen kann, durch Hausbesuche Kontakte zu distanzierten Katholiken zu gewinnen. Die Kerngemeinde muß also erst *in sich gehen*, um schließlich *aus sich herausgehen* zu können. Ist die gottesdienstliche Gemeinde soweit, daß auch »Unbequeme und Andersdenkende« Raum in ihr haben, dann können Hausbesuche bei distanzierten Gemeindegliedern sinnvoll einsetzen mit dem Ziel, zu Gottesdienst und verschiedenen Veranstaltungen, zur Annäherung an die »Gemeinde« einzuladen; denn sicher ist die einladend wirkende Gemeinde das stärkste Motiv für den Wunsch, dabeisein zu wollen, sich auf die Gemeinde einzulassen. Hausbesuche werden, so gesehen, zum (missionarischen) Zeichen dafür, daß um die einheitsstiftende Gemeinde immer neu gerungen werden muß.

3. Pastorale Hinweise zum Hausbesuch

(Martin Benker)

Der Einstieg in die Hausbesuchs-Seelsorge

Bei den täglich anfallenden Aufgaben und zu verrichtenden Pflichten eines Pfarrers wird es nicht ganz einfach sein – auch wenn die Notwendigkeit, Hausbesuche zu machen, einleuchtet –, sich Zeit zu nehmen für diese zusätzliche Aufgabe. Für den Praktiker scheint mir deshalb die Frage vordringlich: »Wie und wo soll mit Hausbesuchen in der Pfarrgemeinde begonnen werden?« Ich meine, die Verantwortlichen der Gemeinde sollten sich nicht von den hohen Anforderungen und Idealvorstellungen (der missionarischen, brüderlichen Gemeinde, Organisationsfragen usw.) abschrecken lassen, sondern *in kleinen, bescheidenen Schritten einen Anfang setzen.* Das heißt konkret: nicht mit dem künstlichen Aufbau eines durchorganisierten Wohnviertelapostolats beginnen, sondern selbst die Gelegenheiten zu Hausbesuchen wahrnehmen und so als amtlich bestellter Seelsorger (Priester, Pastoralassistent/-in, Diakon, Gemeindeassistent/-in) in der Gemeinde durch das eigene Beispiel wirken. Für den Priester z. B. gibt es eine Reihe von amtlichen Begegnungen, die durch einen Hausbesuch sinnvoll vertieft werden können; schwerpunktmäßig wären hier zu nennen die Besuche bei Trauernden, Krankenbesuche, Hausbesuche zum Taufgespräch, Elternbesuche im Zusammenhang der Erstkommunion oder Firmung, bei Geburtstagen oder Haus- bzw. Wohnungssegnungen. Wird die Stelle in einer neuen Gemeinde erst angetreten, so bieten sich Besuche bei Kerngemeindlichen – ausgehend von ersten persönlichen, informellen Kontakten im Pfarrgemeinderat, Gottesdiensten und Veranstaltungen – auf ganz natürliche und selbstverständliche Weise an. So wird der Kreis von Besuchten und Kennengelernten immer weiter, man hat selbst Erfahrungen gesammelt, Mut und Sicherheit bekommen; doch je mehr Leute man kennt, desto dringender wird die Notwendigkeit, Hausbesuche zu machen, bewußt und damit auch die Erfahrung, daß man Seelsorge auf diese Weise nicht allein bewältigen kann, daß Mitarbeiter aus der Gemeinde notwendig sind.

Mitarbeiter, Planung und Organisierbarkeit der Hausbesuche

Die Hauptamtlichen in der Seelsorge werden also mit Zunahme der Kontakte bald an die Grenzen ihrer Verfügbarkeit stoßen. Schon aus diesem Grund muß Ausschau gehalten werden nach Mitarbeitern aus der Gemeinde; aber noch wichtiger erscheint mir für die Zukunft der Kirche die Begründung der Würzburger Synode, daß *aus einer pastoral versorgten Gemeinde eine sich, in Selbstverantwortung jedes einzelnen, sorgende Gemeinde* wird. Aufgabe und Dienst von Priester und hauptamtlichen Kräften wird es also sein, die verschiedenen Fähigkeiten, die Charismen jedes Gemeindegliedes aufzuspüren und ihnen den Weg zur freien Entfaltung anzubieten. Hier kommt es freilich wiederum auch auf ein bestimmtes Maß an psychologischem Fingerspitzengefühl an, welche Leute man für die Übernahme von Hausbesuchen ansprechen kann.
Unter dieser Voraussetzung wird es aber trotzdem nicht leicht sein, das angesprochene Gemeindeglied dafür zu gewinnen, wenn es nicht besonders motiviert ist. Als zwei wichtige Punkte zur Motivierung durch den pastoralen Amtsträger erscheinen mir: den anderen nicht mit einer Aufgabe betrauen, die ihn überfordert, sondern für die er besondere Fähigkeiten mitbringt, und noch wichtiger, dem anderen unbedingtes Vertrauen schenken, indem man ihm Raum, Mittel und Möglichkeiten zur freien Entfaltung seiner persönlichen Verantwortung überläßt. Von den Mitarbeitern aus der Gemeinde müßten vor allem die Menschen besucht werden, zu denen ein dauernder und regelmäßiger Kontakt notwendig ist. Dazu zählen die chronisch Kranken, Körperbehinderten (Rollstuhlfahrer), vereinsamte und alte

Menschen, Gemeindemitglieder in Trauer (Todesfall, Ehescheidung, Depressionen). Hier haben Besuche nur einen Sinn, wenn sie langfristig angelegt sind und die Verbindung zu diesen Gemeindegliedern nicht abreißt; hilfreich ist (als Ergänzung der Besuche) auch der regelmäßige Telefonkontakt. Hier wären fähige Leute am besten unter den Gemeindegliedern zu suchen, die selbst bereits eine der genannten Not- und Krisensituationen durchgestanden haben; Verwitwete trauen sich vielleicht noch am ehesten zu, alleinstehende Gemeindemitglieder zu besuchen, die vom Tod ihres Ehepartners betroffen sind; alleinerziehende oder geschiedene Mütter sind wohl am besten geeignet, Frauen mit demselben Schicksal zu helfen usw.
Damit die gewonnenen Mitarbeiter auf die Dauer diese Dienste leisten können, bedürfen sie selber *stützender Hilfe, am besten durch die Gruppe von Gleichgesinnten.* Das erfordert ein Stück Planung und helfende Organisation. Als die wichtigsten Punkte seien hier herausgegriffen:
1. Koordination der Hilfskräfte, d. h. Pfarrgemeinderat, Aktionsausschüsse, Caritasgruppen usw. müssen von der Tätigkeit anderer Gemeindeglieder informiert sein und in Kontakt zueinander stehen, damit Hilfen, die der einzelne nicht leisten kann, vermittelt werden können.
2. Gruppenbildung der im Hausbesuch engagierten Mitarbeiter: dies dient dem Erfahrungsaustausch, der Vor- und Nachbesprechung von Hausbesuchen (Hilfe zur Problemlösung), allgemein zur Stabilisierung und weiteren Motivierung.
3. Einbeziehung und Information der ganzen Gemeinde, z. B. im Gottesdienst[1] oder durch den Pfarrbrief. Die Gefahr ist nämlich groß, daß sich die Mitarbeiter (als die »Aktiven«) in ihre eigenen Kreise einigeln, wenn sie nicht von der Gemeinde anerkannt werden, und daß umgekehrt die Gemeinde keine Möglichkeit sieht, ihre Dienste miteinzubringen[2].
Damit ist schon ein Hinweis gegeben auf die *Grenzen der Organisierbarkeit* von pastoralen Hausbesuchen, ja der Seelsorge überhaupt. Wenn nämlich aus Organisation hektische Aktivität entsteht, die das ganze Pfarreileben zum Betrieb macht und vor lauter Tätigkeit nicht mehr zum Fest kommen läßt, dann hat jeder noch so gut geplante Einsatz für die Seelsorge und den Dienst am Glauben der Gemeinde seinen Sinn und seine Wirkung verloren.

[1] Vgl. Gemeinsame Synode, Arbeitspapier: »Not der Gegenwart«, in: Offizielle Gesamtausgabe II, 121.

[2] Es ist immer wieder zu beobachten: Wenn sich eine Gruppe oder eine Organisation in der Gemeinde eines Problems annimmt, das eigentlich alle angeht, verschwindet es im Bewußtsein der Gesamtgemeinde, wertvolle Eigeninitiativen schlafen einfach ein. Man vgl. dazu den mit Nachdruck geförderten Aufbau von Sozialstationen.

Systematische und gezielte Hausbesuche

Die Frage, ob systematische Hausbesuche oder Besuche zu besonderen Anlässen, darf nicht als Alternative gesehen werden. Beide Formen haben ihre speziellen Chancen und Möglichkeiten. Systematische Hausbesuche sind grundsätzlich für den Besucher selbst schwieriger, weil der Anlaß fehlt, der den Besuchten für die Situation und das Gespräch öffnet. Systematische Besuche sind dann von Vorteil, wenn sie von der allgemeinen Situation her für Besucher und Besuchten als plausibel erscheinen. Das ist z. B. der Fall in neugegründeten Pfarreien von Trabantenstädten und Stadtrandsiedlungen, wo sich kaum jemand kennt. Systematische Besuche dürften zudem leichter von Hauptamtlichen zu bewältigen sein, weil sie meist als einzige Bezugspersonen in der Pfarrei auch distanziert Kirchlichen noch am ehesten bekannt sind. Ehrenamtliche Mitarbeiter können dagegen durch systematische Hausbesuche leicht überfordert werden, denn sie haben es doch meist schwerer, die volle Anerkennung für ihren seelsorglichen Einsatz zu finden. Ansonsten sind die anlaßgebundenen, gezielten Hausbesuche vorzuziehen, weil sie für den Aufbau einer Besuchsseelsorge am praktikabelsten erscheinen: es läßt sich nämlich nach der Zielgruppenarbeit auch mit einem kleinen Mitarbeiterkreis ein Besuchsdienst aufbauen[3]. Man kann also Besuche gezielt dort aufnehmen, wo sie erst einmal erwartet und gebraucht werden: Neuzugezogene, ältere Gemeindeglieder, Kranke, Familien konfessionsverschiedener Elternteile usw. Gerade bei letzterer Zielgruppe wäre es eine Chance, sich mit der evangelischen Gemeinde abzusprechen und Hausbesuche in gemeinsamer Aktion durchzuführen. Gezielte Hausbesuchsarbeit hat so den Vorteil, daß Akzente in der Gemeindepastoral gesetzt werden können (z. B. ökumenische Zusammenarbeit einüben). Anlaßgebundene Besuche sind leichter zu planen, der Besucher kann sich besser darauf vorbereiten, weil er in etwa weiß, mit welchen Problemen er konfrontiert werden wird. Auch vom Besuchten selbst kann der Besuch mit einleuchtendem Anlaß ehrlicher angenommen oder auch abgelehnt werden. Die Frage, ob systematische oder gezielte Hausbesuche geschehen sollen, hängt also davon ab, welche Aufgabe es in der Situation der jeweiligen Gemeinde am dringlichsten zu erfüllen gilt.

Ergebnis und Effekt pastoraler Hausbesuche

Allgemein wird berichtet, daß sich eine Hausbesuchsseelsorge auf die Atmosphäre und das Klima in der Gemeinde belebend auswirkt und ein Vertrauensverhältnis zur »Kirche« wieder spürbar wurde. Mit am wertvollsten

[3] Vgl. *G. Pünder,* Von Tür zu Tür. Würzburg 1974, 46.

scheint die positive Rückwirkung auf die Träger der Pastoral zu sein: sie erleben die Hausbesuche als die »unmittelbarste Form des Feedback und der Erfolgskontrolle darüber, was bis zu den Menschen durchgedrungen ist und was nicht oder nur bruchstückhaft«[4].
Die Verkündigungspastoral und Predigtpraxis kann eigentlich nur profitieren und bei den Menschen in Zukunft besser ankommen, weil der Verkünder ihnen vorher wirklich zugehört hat.
Hausbesuche könnten in der Gemeindepastoral heute noch eine der letzten Chancen sein, daß die Kirche für die Welt von morgen wirksam bleibt.

4. Literaturhinweise (in Auswahl)

Th. Blieweis, Der Hausbesuch des Priesters. Wien 1965.

G. Pünder, Von Tür zu Tür – Erfahrungen für die Praxis des Besuchsdienstes in der Pfarrei. Würzburg 1974.

J. Appelkamp u. a. (Hrsg.), Türen öffnen. Handbuch für Besuchsdienste. München 1979.

Hausbesuche in der Gemeinde. Themaheft »Wege zum Menschen« 31 (1979) Heft 8/9.

A. Kner, Seelsorgliche Hausbesuche – immer noch aktuell? in: Lebendige Seelsorge 30 (1979) 383–386.

H. van der Geest, Der Hausbesuch als Kennzeichen der Seelsorge, in: Diakonia 10 (1979) 292–301.

F. Schlösser, Der Pfarrbesuchsdienst in einem am Handeln Gottes orientierten Gemeindekonzept, in: Theologie der Gegenwart 23 (1980) 94–100.

[4] *Görges-Kellerhoff-Weber-Wessel,* Wer mitmacht, erlebt Gemeinde. Limburg[2] 1973, 74.

DER SEELSORGER AM KRANKENBETT

1. Erfahrungen von Seelsorgern

(Joseph Pfeiffer)

Zunächst machte folgendes *Rollenspiel* die Teilnehmer des Arbeitskreises mit der Thematik vertraut:
»Kreiskrankenhaus, 150 Betten. In einem 4-Bett-Zimmer liegt ein Mann (45) aus Ihrer Pfarrei (20 km entfernt). Er wurde vor drei Tagen operiert (Gallensteine). Die Familie ist dem Pfarrer (50) vom Gottesdienst her bekannt (Frau berufstätig, 2 Kinder, Junge 10, Mädchen 18 Jahre). Der Kranke (Martin Huber) freut sich über den Besuch seines Heimatpfarrers.«
Im anschließenden *Gespräch* wurden folgende Fragen erörtert:
Was ist zur Gesprächsführung des Priesters positiv/negativ zu bemerken?
Was läßt das Gespräch über den Besuchten erkennen?
Was hätten die Beobachter als Besucher anders gemacht? Warum?

Welche Ratschläge geben Sie einem Theologiestudenten, der in einem Gemeindepraktikum Krankenbesuche bei Gemeindegliedern zu Hause/im Krankenhaus machen soll?

Da Beispiele oft mehr aussagen als Worte, soll der Praktikant zunächst den Priester bei Krankenbesuchen begleiten. Bei der nachfolgenden gemeinsamen Reflexion dürfte es nicht allzu schwerfallen, auf beachtenswerte Punkte für den Krankenbesuch hinzuweisen. Wenn der Priester dabei um eine Beurteilung seines eigenen Verhaltens bittet, wird der Eindruck, den »Oberlehrer« spielen zu wollen, sehr schnell beseitigt. Überdies erhält der Seelsorger die seltene Chance, eigene negative Gewohnheiten gewahr zu werden.
Beim Krankenbesuch entscheidet, wie bei jeder zwischenmenschlichen Begegnung, oft der erste Eindruck. Da der Praktikant in der Regel dem Kranken nicht bekannt ist, stellt er sich zunächst vor und erklärt, in wessen Namen er kommt. Dies gibt ihm Gelegenheit, den Gruß des Pfarrers zu überbringen. Ein gepflegtes Äußeres entspricht dem »amtlichen« Auftrag und wird auch von den Kranken erwartet.
Wenn der Besucher den angebotenen Stuhl nicht ablehnt, bedeutet er dem Kranken von vorneherein, daß er Zeit für ihn hat und mit ihm gerne in ein Gespräch kommen will. Der Bettrand ist allerdings nie die rechte Sitzgelegenheit und im Krankenhaus überdies verboten.

Die Frage nach dem Befinden des Kranken wird wohl das Gespräch eröffnen. Dabei die gesamte Krankheitsgeschichte erforschen zu wollen, gestattet in der Regel schon nicht die Zeit. Noch weniger schickt es sich, besonders nicht bei Patientinnen. Im Gespräch über die Krankheit muß man sich vor allem davor hüten, den Zustand des Kranken zu verharmlosen oder den Kranken billig zu vertrösten. So berechtigt das Interesse an den familiären und beruflichen Verhältnissen des Kranken ist, es darf nicht in Neugierde ausarten. Überhaupt ist es besser, mehr den Kranken, soweit er es will und dazu in der Lage ist, reden zu lassen, als ihm zu »predigen«.
Ganz sicher erwartet der Kranke von jemand, der im Namen der Kirche kommt, auch einen Zuspruch aus dem Glauben, nicht frömmelnd, sondern echt und wahr als Ausdruck der eigenen, persönlichen Überzeugung. Eine Spruchkarte oder ein Gebetstext können das persönliche Wort ergänzen und vertiefen. Lesestoff wird in der Regel dankbar angenommen. Der Hinweis auf die Möglichkeit, die heiligen Sakramente zu empfangen, sollte nicht fehlen. Dabei wird es notwendig sein, das rechte Verständnis für die Krankensalbung zu wecken.
Im allgemeinen soll ein Krankenbesuch kurz sein. Kranke ermüden schnell. Überdies erhalten sie, vor allem im Krankenhaus, Besuch von vielen Seiten. Bei einem Besuch im Krankenhaus begrüßt man jeden Patienten in einem Zimmer. Spürt man bei einem Patienten Ablehnung, entschuldigt man sich wegen der Störung.
Ehe man sich verabschiedet, ist es angebracht, mit dem Kranken kurz zu beten. Liegen in einem Krankenhaus mehrere Patienten in einem Zimmer, verlangt der Anstand, diese zu fragen, ob man ein Gebet sprechen darf. Es wird zumeist dankbar begrüßt. Dem Kranken vertraute Gebetstexte, z.B. Stoßgebete, helfen vor allem Schwerkranken, das Gebet aufzufassen und innerlich mitzuvollziehen. Die Segnung mit Weihwasser kann das Gebet abschließen.
Kranke, die längere Zeit nicht außer Haus kommen, soll man in gewissen Zeitabständen regelmäßig besuchen.

Wie können Sie die christliche Botschaft – die Spendung der Sakramente für Kranke vermitteln?

Die Vermittlung der christlichen Botschaft für Kranke gelingt um so besser, je tiefer der Glaube in den Herzen verwurzelt ist. Dies bedeutet, daß der Mensch, der immer wieder mit Krankheit und Tod konfrontiert wird, sich schon in gesunden Tagen mit dem Problem des Leidens und der Krankheit auseinandersetzen muß. In der Predigt, im Religionsunterricht, in der Erwachsenenbildung sollen diese Fragen immer wieder angesprochen werden. Vor allem muß das Sakrament der Krankensalbung gut gedeutet wer-

den. Mit der veränderten Wortwahl allein – Krankensalbung statt »Letzte Ölung« – ist es nicht getan. Über den Pfarrbrief können vielleicht auch diejenigen erreicht werden, die der Predigt und den Bildungsveranstaltungen fernbleiben.
Für die Kranken selber gibt es hinreichendes Schrifttum, das ihnen hilft, ihre Situation als Christen zu verstehen und zu meistern. An den einen oder anderen Gedanken kann der Priester in seinen Gesprächen mit Kranken anknüpfen und ihn weiterführen.
Gerne kommen Kranke der Bitte nach, in den Anliegen der Pfarrgemeinde, der Diözese und der Weltkirche zu beten und ihr Kreuz zu tragen. Umgekehrt wird der Seelsorger gerade die Kranken in seiner Gemeinde und deren Heil dem Herrn empfehlen.
Der regelmäßige und häufige Besuch des Priesters läßt die Kranken die Heilssorge der Kirche für die Kranken erfahren. Sobald die nötige Vertrauensbasis geschaffen ist, nimmt der Kranke auch bereitwilliger das Angebot zum Empfang der Sakramente an.
Wertvolle Vorarbeit leisten hier nicht selten gläubige Laienmitarbeiter und -mitarbeiterinnen sowie in den Krankenhäusern das Pflegepersonal. Nicht gering zu schätzen ist in Krankenhäusern auch das Beispiel der anderen Patienten. So baut gerade der gemeinsame Empfang der Krankensalbung Furcht und Angst vor diesem »letzten« Sakrament ab.

Worin sehen Sie Chancen und Schwierigkeiten des Seelsorgegesprächs am Krankenbett?

Anders als beim seelsorglichen Hausbesuch hat der Kranke, dem der Besuch gilt, Zeit für ein Gespräch. In seiner Krankheit erfährt er nicht selten seine Ohnmacht und freut sich deshalb um so mehr über jedes Zeichen der Anteilnahme. Auch wenn niemand ihm die Last der Krankheit abnehmen kann, fühlt er sich nicht allein gelassen. Er sucht eine Antwort auf letzte Fragen und ist so offen für die Hoffnung, die der Glaube an Gott ihm geben kann. Unter Umständen ist dies nicht nur der letzte, sondern auch der beste Trost in seiner Not. Deshalb kann das seelsorgliche Gespräch am Krankenbett oft fruchtbarer sein als bei anderen Gelegenheiten in gesunden Tagen.
Freilich ist auch dieses Seelsorgegespräch nicht problemlos. Soweit der Priester den Kranken und dessen Zustand nicht kennt, ist der Einstieg und die Gesprächsführung nicht ganz leicht. Wegen der hohen Sensibilität kranker Menschen kann ein Wort am verkehrten Platz schier unüberwindliche Barrieren aufrichten. Deshalb wird sich der Seelsorger mit Geduld wappnen müssen, um zunächst hinhören und die Situation des Kranken richtig erfassen zu können. Vergeblich ist dieses Mühen freilich, wenn der Kranke sich nicht öffnen kann oder will.

Hier steht die umstrittene Frage auf, ob und inwieweit der Kranke seinen wirklichen Zustand erfahren soll.
Eine weitere Schwierigkeit für das Gespräch ergibt sich in Krankenhäusern, wo meistens zwei und mehr Kranke in einem Zimmer liegen. Dies kann unter Umständen ein persönliches Gespräch erheblich behindern, wenn nicht völlig blockieren. Ein Sprechzimmer des Seelsorgers sollte deshalb in einem Krankenhaus nicht fehlen.
Immer noch wird der Priester von Kranken und deren Angehörigen als Bote des Todes angesehen und deshalb in letzter Minute gerufen. Ein Gespräch ist dann mit dem Kranken, wenn überhaupt noch möglich, auf ein Minimum beschränkt.

2. Das seelsorgliche Gespräch mit Kranken[1]

(Josef Mayer-Scheu)

Situation

Niemand will krank sein: Krank sein, bettlägerig krank, womöglich noch im Krankenhaus, bedeutet für die meisten Menschen unserer Leistungsgesellschaft die Vorstellung von einer unangenehmen, ja peinlichen Ausnahmesituation untauglichen Lebens, die sie weit von sich wegschieben. Um so überraschender und hilfloser trifft sie die Krankheit, noch mehr das Sterben von Angehörigen, und erst recht, wenn sie selbst von Krankheit und Sterben »befallen« werden. Diese Erfahrung machen jedenfalls Krankenhausseelsorger tagtäglich in den mehr als 3500 Krankenhäusern in der Bundesrepublik, wo sie immerhin über 10 Millionen Bürger – d. h. jeden Sechsten in der Bundesrepublik – antreffen können, abgesehen von der noch größeren Zahl von Kranken in Ambulanzen, Sprechstunden, zu Hause und in Altenheimen.
Vielleicht sind wir doch alle nicht so gesund, wie wir meinen? Oft ist es nur ein kleiner Schritt: von einer Krise in unserer Gesellschaft, in der eigenen Lebensgeschichte, in den gegenseitigen Beziehungen bis zu einem Stolpern, das zum Beinbruch führt, von einer nervösen Störung bis zur »inneren« Krankheit. Wer sich auf diese Gedankenfolge einläßt, hat vielleicht schon

[1] Mit freundlicher Genehmigung von Autor und Verlag übernommen aus: Lebendige Seelsorge 26 (1975) 174–183.

einen ersten Schlüssel zum Verständnis, was Kranksein bedeutet, vielleicht auch einen Schlüssel, um zu verstehen, warum ihm Krankenbesuche schwerfallen.

Kranksein erleben: Hören wir einige typische Fragen und Aussagen an, die dem Gesprächspartner von Kranken alltäglich begegnen: »Wie lange muß ich noch ...?« »Kann ich danach wieder ...?« »Wie geht es zu Hause, im Betrieb weiter?« »Meinen Sie, ob ich je noch einmal ...« oder: »Ich bin ja zum Glück nur ...!« »Halb so schlimm ...!« »Man muß es nehmen wie es kommt.« »Man muß immer Hoffnung haben, sonst ...!« Aber auch: »Warum gerade ich?« »Wie habe ich das verdient?« »Wie kann Gott das zulassen?« Und schließlich Antworten wie: »Habe ich Krebs?« ».. die sagen ja doch nicht die Wahrheit!« Das sind alltägliche Aussagen und Fragen im Krankenhaus, die teils offen, teils verdeckt weit mehr mitteilen als das, was ihr Wortlaut kundtut. In ihnen signalisieren viele Kranke, was sie im Kranksein fühlen, wie sie ihre Krankheit erleben: zunächst einfach die körperliche Unfähigkeit, das Ausgeliefertsein an Verordnungen, Befehle, Medikamente, Apparate; das Liegen- und Wartenmüssen, womöglich verbunden mit der Unsicherheit der Diagnose und Prognose. Sehr oft werden diese Situationen als starke Beeinträchtigungen des Selbstwertgefühls erlebt. Gerade lebenstüchtige und dauernd mit Verantwortung belastete Menschen erfahren das Ausgeliefertsein als fundamentale Gebrochenheit ihres Daseins, ja als Krise, die ihr Welt- und Gottesverständnis ins Wanken bringt. Häufig wird die Krankheit als Zusammenbruch der eigenen »heilen« Welt erlebt und als unbegreifliche Strafe. Wer die Fragen und Signale kranker Menschen verstehen lernt, auch wenn sie in noch so banalen alltäglichen Äußerungen und Klagen vorgebracht werden (z. B. Unzufriedenheit über schlechte Behandlung u. ä.), wird immer mehr entdecken, wie der kranke Mensch selber zu einer lebendigen Frage wird: zur Frage an sich selbst, an seine Umwelt (der Familie, des Krankenhauses, seines Berufes, der Kirche und der Gesellschaft) und zur Frage an den Sinn des Lebens. Er sucht nicht nur ein gutes oder richtiges Wort als Antwort auf seine Fragen, sondern muß selber ein Stück Antwort auf seine Situation werden.

Therapeutischer Horizont [2]

Krankheit als Krise: Prinzipiell weist die Krankheit auf eine Krise des Menschen hin. »Eine wirkliche Heilung des Menschen darf nicht nur die rasche Überwindung der Krankheit durch eine möglichst schnelle »Reparatur des defekten Körperteils« ins Auge fassen, sondern muß sich der Frage stellen,

[2] Vgl. zum Folgenden *J. Mayer-Scheu,* Seelsorge im Krankenhaus. Mainz 1974, 14 ff.

ob jene – latente oder offene – Krise des Patienten nicht vielleicht einen guten Grund hat. Denn sie beruht nicht selten auf einer falschen Einstellung des Kranken zu sich selbst und zu seiner Umwelt (in Familie, Beruf, Gesellschaft). Eine grundsätzliche, in der modernen Leistungs- und Konsumgesellschaft besonders verbreitete Krise tritt dabei meist zutage: die Verleugnung unvermeidlicher Konflikte des Lebens, insbesondere der menschlichen Beziehungen (Eltern–Kind, Mann–Frau, Vorgesetzter–Angestellter u. a.), der Fragen des Leids, der Ungerechtigkeit, des Sterbens und des Todes[3].« Die primären menschlichen Aktualfähigkeiten des Kranken – wie z. B. Liebe, Geduld, Zeit, Sexualität, Kontakt, Zutrauen, Vertrauen – sind häufig am Konfliktfall nicht erprobt und fallen deshalb als Hilfe fast völlig aus. Oft richtet er seine Erwartungen ausschließlich auf den verantwortlichen Arzt, die Medikamente (Drogen!) und die Behandlung, deren Erfolg er sich durch seine Bezahlung erkaufen zu können meint. Damit hängt er, jede Verantwortung delegierend, Illusionen mitunter geradezu magisch an. Aber auch dort, wo jene Verleugnungsmechanismen nicht entscheidend ins Gewicht fallen, löst die Situation der Krankheit beim Patienten die Frage nach dem Sinn des Leidens, des Wartenmüssens und des Annehmens seiner selbst und der Welt des Krankenhauses aus.

Postulate einer ganzheitlichen, psychosomatisch orientierten Medizin: Wer stellt sich diesen Fragen, hält sie gemeinsam mit dem Patienten aus und gibt ihm Hilfen und Antworten, die seiner Erfahrungswelt entsprechen? Eine ganzheitlich verstandene Therapie und Pflege – als Heilung, als Bewältigung einer unheilbaren Krankheit oder als Hilfe im Sterben – darf diesen Problemen und der dabei direkt oder implizit gestellten Frage nach der Transzendenz weder ausweichen noch sie mit einer »Vertröstung auf das Jenseits« voreilig und unwahrhaftig beantworten. Für diese Aufgaben kann sicher niemand eine ausschließliche Kompetenz beanspruchen. Aber gerade im modernen Krankenhaus sind Ärzte, Schwestern und Pfleger angesichts der hohen Technisierung, Differenzierung und Spezialisierung ihrer Berufe oft überfordert, um generell diesen Fragen genügen zu können. Im konkreten Fall können sie kaum die Zeit für so ausgedehnte Intensivgespräche aufbringen, wie es die Situation des Patienten oft verlangt. Meistens eröffnet aber erst das Eingehen auf den Grund einer Krankheit, auf die Krise eines Menschen die Chance einer wirklichen Heilung oder eine Selbstannahme des Patienten, z. B. in einer chronischen Krankheit oder in seinem Sterben.

Was kann der Seelsorger im Feld der Therapie ausrichten?[4] Das Hauptarbeitsgebiet der 1000 hauptamtlichen und über 2000 nebenamtlichen Kran-

[3] *Mayer-Scheu,* a. a. O. 15.
[4] Vgl. ebd. 16 f.

kenseelsorger in der Bundesrepublik liegt in unseren Krankenhäusern. Wie in einem Brennglas verschärfen sich im modernen Krankenhaus die Probleme unserer Gesellschaft an der Situation des kranken Menschen und seinem Schicksal[5]. Hier liegt auch der Ort, wo besondere Anforderungen an den Krankenhausseelsorger und das Seelsorgegespräch gestellt werden, sowohl von seiten des Patienten als auch von seiten der Ärzte, Schwestern und Pfleger[6]. Wenn man sich dem Problem der Heilung des Kranken grundsätzlich und umfassend stellen will, ohne den Fragehorizont des Patienten willkürlich zu beschneiden oder voreilig zu beantworten, bietet sich eine Krankenhausseelsorge in Ergänzung der ärztlichen Tätigkeit, des Pflegebereichs und der Sozialarbeit geradezu an. Diese Ergänzung erfordert ein Minimum an Verständnis für den Grundansatz und den Funktionsablauf des jeweiligen anderen Arbeitsbereiches, weiterhin die Bereitschaft zum Dialog, die gegenseitige Abstimmung der Dienste und einen fairen Austrag der unvermeidlichen Kollisionen. Kein Arbeitsbereich darf dabei den anderen von vorneherein als sekundär abwerten. Erfahrungsgemäß läßt sich durch ein sachliches und offenes Austragen der Konflikte eine für alle im konkreten Fall tragbare Lösung finden.

Für die Krankenhausseelsorge setzt dies einen Ansatz voraus, der von den oben entwickelten Fragen des Kranken ausgeht und auf die anderen Tätigkeitsbereiche eindeutig zugeordnet ist. Dabei ist von seiten der Seelsorge deutlich zu machen, inwiefern »Glauben« oder besser noch: »Vertrauen« als menschlicher Akt zur Therapie gehört. Dieser Vorgang bedarf einer weltlichen Sprache, in der theologische und psychologische Anthropologie in Einklang zu bringen sind. Der Seelsorger wird nur dann im Rahmen eines Therapieprogramms einer Klinik sein pastorales Proprium entfalten können, wenn er in der Lage ist, seinen Dienst im Verhältnis zur Therapie deutlich zu machen und auch gegen ein rein säkulares Therapieverständnis zu vertreten. Nicht selten fällt ihm eine prophetische Aufgabe zu, nämlich im therapeutischen Team bestimmte Aspekte des Humanum zu vertreten, insbesondere die Berücksichtigung der Sinnfrage des Patienten. Hierfür bedarf der Krankenhausseelsorger einer bestimmten Vorbildung, um im Krankenhaus ein anerkannter Partner zu werden[7]. Seine eigentliche Funktion ist dabei nicht die eines Therapeuten, auch wenn er vertritt, daß Heilung und Heil, Therapie und Seelsorge zusammengehören. Zunächst ist er einfach der Begleiter des Kranken, dessen theologische Dimension im folgenden darzulegen ist.

[5] Vgl. *H. C. Piper,* Von der Kunst des Zuhörens – Neue Wege der Krankenhausseelsorge, in: Evangelische Kommentare 9 (1974) 563f.

[6] Vgl. dazu den Erfahrungsbericht über Individualseelsorge im Krankenhaus, in: Lebendige Seelsorge 26 (1975) 197–199.

[7] Vgl. dazu im folgenden S. 100 ff.

Der Seelsorger im Krankenhaus als Gesandter der Kirche: Die Tätigkeit des Krankenhausseelsorgers unterscheidet sich bereits im Ansatz fundamental von allen anderen beratenden Tätigkeiten von Seelsorgern: während sonst Ratsuchende – z. B. in der Telefonseelsorge, in Häusern der Offenen Tür, in Familien- und Lebensberatung oder auch im Pfarrhaus – den Seelsorger aufsuchen, muß der Krankenseelsorger von Tür zu Tür und von Bett zu Bett gehen, ohne zu wissen, ob sein Erscheinen überhaupt erwünscht ist. Selbst gegenüber dem Hausbesuch bei Unbekannten ist die Situation insofern verschärft, als er zugleich in einer fremden Institution arbeitet und der Beobachtung anderer Patienten ausgeliefert und auf die Kooperation mit Ärzten und Pflegepersonal angewiesen ist. Diese Tatsache verändert die Art seines Auftretens und auch seine möglichen Zielsetzungen zumindest für den Erstbesuch bei jedem Patienten. Er muß immerhin damit rechnen, daß in einer weltlich gewordenen Welt – hier des säkularen Krankenhauses – je nach Landschaft 50 bis 90 Prozent seiner Gesprächspartner kirchlich nicht praktizierende Christen sind. Das, was er von seiner Ausbildung und Herkunft her anzubieten hat, ist in vielen Fällen nicht gefragt, zumindest nicht zu Beginn seiner Tätigkeit, die in jeder Woche in jedem Zimmer neu anfängt. Gleichwohl bleibt bei der Beschreibung dieser Ausgangslage festzuhalten, daß er Botschafter ist für das Fragen und Suchen nach dem Sinn des Lebens, für die Möglichkeit zu glauben und zu vertrauen, für die Bewältigung von Schmerz, Leid, Not und Tod – und das mitten in einer ganz funktionellen weltlichen Therapie, deren Vertreter von diesen Fragen oft nichts wissen wollen. Er bleibt zugleich auch Vertreter der Kirche, d.h. er muß lernen, seinen Kopf hinzuhalten für die Geschichte einer 2000jährigen Institution und für die schlechten Erfahrungen des einzelnen mit der Kirche im Laufe seines Lebens, mehr noch: er muß auch mit dem umgehen können, was alles auf Papst, Bischöfe, Pfarrer und Kirche projiziert wird. Und dieser Faktor ist nicht gering zu veranschlagen angesichts der gesellschaftlichen Situation der Kirche und der besonderen Situation der Patienten, von denen viele im Leid dazu neigen, das böse Schicksal ihrer Krankheit der Kirche oder Gott anzulasten. Dies erfordert die Ausbildung seiner Ich-Stärke, die Fähigkeit zu guter Fremd- und Selbstwahrnehmung, um im Dikkicht der Aussagen, Fragen und Vorwürfe persönlich bestehen zu können, dem einzelnen Möglichkeiten zur Identifikation oder zur Auseinandersetzung anbieten zu können.

Der Krankenhausseelsorger, der im Krankenhaus nur auf die kleine Zahl der Patienten baut, die ihn bereits mit offenen Armen erwarten, die Gebet, Verkündigung und Sakramente wünschen, muß erfahren, daß die übrige Arbeit für ihn zum reinen Spießrutenlaufen wird, weil sein Tätigkeitsbereich so schmal ist, daß er von den therapeutischen Diensten nicht mehr

ernst genommen wird. Noch wichtiger erscheint mir, daß die Sinnstufe seines Handelns im Krankenhaus überhaupt in den Blick kommt, wenn er sich auf die amtlich-kirchlichen Tätigkeiten des Verkündigens, des Gebets und der Sakramente beschränkt. Dann wird nämlich nicht transparent, daß er mitten in dieser Welt etwas zu verkörpern und zu bezeugen hat, was auch ohne eine theologische Chiffre seinen theologischen Wert hat. Hier liegt die entscheidende Frage: Hat der schlichte Krankenbesuch, das Begleiten eines Menschen in einer Krise eine eigene theologische Bedeutung, die auch einem Andersdenkenden verständlich gemacht werden kann?
Schließlich muß der Seelsorger Partner praktizierter Ökumene im Krankenhaus sein. Das wird heutzutage nicht nur vom Pflegepersonal vorausgesetzt, sondern auch von den Patienten, die im Mehrbettzimmer selbstverständlich erwarten, daß der Seelsorger sie alle besucht. Ja, nicht selten gehen die Erwartungen darauf hinaus, daß auch die Angehörigen anderer Konfessionen bei Gebet und Gottesdienst mit angesprochen und beteiligt werden. Zumindest wird in dieser Frage viel Rücksichtnahme und Takt erwartet.

Kranke besuchen – Kranke begleiten: Ausgangspunkt des Seelsorgegesprächs mit Kranken ist der schlichte Krankenbesuch, der nichts anderes will, als den evangelischen Rat erfüllen: »Kranke zu besuchen« (vgl. Mt 25, 36), um das Jesus-Ereignis in der Welt der Kranken erfahrbar zu machen. Da der Seelsorger im Krankenhaus nicht weiß, ob sein Erscheinen erwünscht ist, steht sein Besuch unter dem Vorzeichen, daß er, wie das Evangelium selbst, angenommen oder abgelehnt werden kann. Gerade gegenüber den der Kirche fernstehenden Patienten kommt es entscheidend darauf an, wie der Seelsorger diese Freiheit des Evangeliums verkörpert: wie er damit umgeht, wenn er abgelehnt wird, ohne dabei ein devoter Duckmäuser zu sein, der die Auseinandersetzung scheut; ob sein Angebot so persönlich ist, daß es auch den Andersdenkenden zur Auseinandersetzung reizt oder im Falle der Ablehnung nachdenklich macht; ob er selbst innerlich so viel Freiheit zulassen kann und die Frustration aushält, mit seinem guten Willen, seiner Botschaft nicht anzukommen; ob sein Gesprächsangebot wirklich auf die Bedürfnisse des Patienten eingeht, auf das, was er beim Gespräch wahrnimmt, fühlt und erlebt, ohne dem Patienten Phantasien oder Deutungen aufzudrängen, die nur Fluchtversuche in dieser Begegnung sind oder den Patienten manipulieren oder gar unterdrücken; ob sein religiöses Angebot aus dem persönlichen Bedürfnis kommt, erfahrenen Glauben zu bezeugen und nicht die Wehrlosigkeit des Patienten auszunutzen, um ihn mit der »Macht Gottes« unter Druck zu setzen.
Diese Fragen nach der Haltung des Seelsorgers bei seinem Krankenhausbesuch sind im Evangelium ganz schlicht ausgedrückt in einer Verheißung und einigen Postulaten: »Das Himmelreich ist nahe. Heilt Kranke, ...treibt Dä-

monen aus! Umsonst habt ihr empfangen. Umsonst sollt ihr geben« (Mt 10,7b.8). Oder an anderer Stelle: »Freut euch mit den Fröhlichen, weint mit den Weinenden« (Röm 12,15). Das Evangelium geht also davon aus, daß Heil und Heilung zusammengehören, daß die Solidarität mit dem Leidenden zum Heilungsauftrag gehört. Weiter wäre vom Evangelium her zu fragen, ob ein Seelsorger z.B. mit den »Dämonen« des Widerstandes, der Ablehnung, des Trotzes, des Schmerzes, der Wut, der Ohnmacht, der Verzweiflung, der ungerechten Anklagen usw. aus der Leiderfahrung eines Patienten umgehen kann, damit der leidende Mensch ein Stück Heil und vielleicht sogar ein Stück Heilung erfährt. Seine Rolle besteht nicht im Therapieren, seine Methode ist nicht das Ausfragen und die Anamnese, sondern das freie Gespräch, in dem er sich als Fremder und doch als Mann der Kirche anbietet, ein wichtiges Gespräch zu führen über die Dinge, die dem Patienten wichtig sind und von denen er bezeugen kann, daß sie ihm wichtig sind.

Die Botschaft des Krankenseelsorgers – das Gottesbild, das verkörpert werden will: Wenn der Krankenseelsorger damit anfängt, den Therapeuten Konkurrenz zu machen – sei es als Minipsychotherapeut, sei es als Quacksalber, der mit religiösen Formeln und Gebräuchen mehr erreichen will als die Therapie –, so muß er damit rechnen, daß er als lästige Konkurrenz oder als lächerliche Randfigur nicht ernst genommen und in die therapeutische Kooperation nicht einbezogen wird. Dann hat er noch nicht einmal Gelegenheit, sein prophetisches Amt im Krankenhaus wahrzunehmen. Verkündigung und Sakramentenspendung, Gebet und seelsorgliches Gespräch dürfen im Krankenhaus nicht in Konkurrenz zu dem funktionellen Ablauf des Therapieprogramms stehen. Vielmehr müssen auch die spezifisch kirchlichen Tätigkeiten gerade das ganz andere durch die Art der Verkörperung der Freiheit und der Zuwendung gegenüber dem Patienten deutlich machen.

Es geht nicht darum, daß Gott vielleicht doch das noch kann, was der beste Operateur in diesem Krankenhaus nicht mehr schafft, sondern es geht um die Botschaft von dem Gott, der durch dick und dünn mit uns hindurchgeht, durch hell und dunkel, durch Erfolg und Mißerfolg, der uns führt zur Gesundung und auch durch den Tod hindurch! Es geht also um die Botschaft des mitgehenden Gottes, der uns an unseren Grenzen herausruft, der den, der glauben und vertrauen kann, befähigt zum Transzendieren, d.h. zur Grenzüberschreitung und zur Akzeptation endgültiger Grenzen, z.B. im Sterben und im Tod. Es ist der Gott, dessen ursprünglichste Botschaft heißt: Ich bin da, ich gehe mit dir (vgl. Ex 3, 14–17). Wenn du auf mich vertraust, wirst du die »Wüste«, die Not, das Leid und den Tod bestehen; ein Gott, der keine Erfolgsgarantie gibt, der aber den Menschen zu seiner eigentlichen und tieferen Stärke bringt, so daß selbst Ärzte, Pfleger und

Schwestern staunen, wozu ein Mensch noch einmal fähig ist, sei es in einer überraschenden Gesundung, in einer guten Mitarbeit bei der Therapie oder auch in der Selbstannahme, im Leid, in der chronischen Krankheit und im Sterben.

Der Seelsorger, der einen Kranken über den einfachen Krankenbesuch hinaus in besonderen Krisen intensiv begleitet, möchte also dem Patienten zum Glauben helfen im Sinne von Vertrauen als einem Grundakt des Menschen. Dies meint nicht ein Fürwahrhalten bestimmter Sätze, sondern ein Sicheinlassen – im Sinne von Erfahrungstätigkeit – auf eine Wirklichkeit, insofern sie nicht durchschaubar, vorausberechenbar und kontrollierbar ist. Der Grund dieses Glaubens liegt im Vertrauen gegenüber anderen oder darin, daß er mit sich selbst im letzten eins ist (Selbstvertrauen). Selbstvertrauen fußt auf der Erfüllung gewagten Fremdvertrauens, d. h. der Erfahrung des Angenommen- und Aufgefangenseins in der Liebe und der Herausforderung, den nächsten Schritt selbst, d. h. ohne fremde Hilfe zu wagen. Gerade in jenen wagenden Schritten liegt die Hoffnungsstruktur des Glaubens, das Sich-der-Zukunft-Stellen des Menschen aus seiner angenommenen Vergangenheit und Gegenwart. Die Fähigkeit, zu glauben und zu hoffen, die in vielfältigen, welthaften Formen eingeübt, gewagt und in ihrer Tragweite und Wirkung erfahrbar gemacht werden muß, setzt, wie gesagt, die Erfahrung der Liebe voraus, d. h. daß ich akzeptieren kann, daß ich gewollt, angenommen, aufgehoben und aufgefangen bin. Wenn es dem Seelsorger gelingt, diese Grundakte mit dem Patienten anhand seiner Erlebnisse des Krankseins und seiner Krankheit zu erarbeiten, dann wird er tiefer die Botschaft des mitgehenden Gottes, die Chance des schöpferischen Glaubens und das Eingehen in das Schicksal Jesu an seinem eigenen Leibe als Sinnerfüllung erfahren können. Aber selbst wenn einem Patienten diese ausdrücklich theologische Dimension verschlossen bleibt, so hat doch die seelsorgliche Begleitung in der Erarbeitung dieser Schritte und in dem konkreten Glaubensvollzug des einzelnen in seiner Situation seine Erfüllung gefunden[8].

Das Sicheinlassen auf die Wirklichkeit muß auch die Realität von Sterben und Tod als Aufgabe in den Blick nehmen. Sterben ist ein Vorgang, der sich nicht erst am Ende des Lebens abspielt, sondern als Trauer in seinen verschiedenen Dimensionen erfahren und eingeübt werden muß (z. B. Phänomene wie das Entstehen und das Zerbrechen von Freundschaften und ihr Neuanfang in der Versöhnung). Hier ist nach einer Neuorientierung kirchlicher Sterbenshilfe zu fragen[9]. Eine beachtliche Anzahl von nur traditio-

[8] Vgl. dazu *Mayer-Scheu,* a. a. O. 17 ff.

[9] Vgl. dazu Themenheft von Concilium 4, 1974. Außerdem *P. Sporken,* Menschlich sterben. Düsseldorf 1972; *ders.,* Umgang mit Sterbenden. Düsseldorf 1973; *E. Kübler-Ross,* Interviews mit Sterbenden. Stuttgart 1971; *dies.,* Was können wir noch tun? Stuttgart 1974; *A. P. L. Prest,* Die Sprache der Sterbenden. Göttingen 1970; *Y. Spiegel,* Der Prozeß des Trauerns. 2. Bde., München-Mainz 1973.

nell den Kirchen verbundenen Patienten erfährt gerade in ihrer Krankheit eine lebensnahe Verkündigung von Jesu Leben, Sterben, Tod und Auferstehung als Neuorientierung ihrer religiösen Vorstellungen oder gar als Ersterfahrung, was »Glauben« wirklich bedeutet.

Methode des seelsorglichen Gesprächs mit Kranken

Das seelsorgliche Gespräch mit Kranken ist nicht auf bestimmte Methoden festzulegen, sollte es doch dem Seelsorger zunächst einfach darum gehen, den evangelischen Rat zu befolgen, »Kranke zu besuchen«! Er selbst kann wie das Evangelium abgelehnt werden. Auf keinen Fall darf also die Wehrlosigkeit des Kranken durch den von der Kirche Gesandten ausgenutzt werden. Der Krankenseelsorger kommt auch nicht in einer Therapeutenrolle und verzichtet daher auf Anamnesen ebenso wie auf inquisitorische Ausfragerei, die ihn schnell in die Rolle eines Bußpredigers bringen könnte, der den Zusammenhang von Krankheit und Sünde einseitig interpretiert und die Möglichkeit eines freien Zugangs zur Transzendenzerfahrung versperrt.

Wenn der Krankenseelsorger Begleiter des Kranken werden möchte, dann wird er darauf vertrauen lernen, daß seine Botschaft vom mitgehenden Gott sich am besten erfüllt, wenn er selber zur Begegnung frei ist und damit fähig zu der Wahrnehmung und zum Aussprechen, was im Augenblick der Begegnung ihn selber und den Patienten bewegt.

Solche Fähigkeiten setzen indessen nicht nur persönlichen Glauben und ein Minimum an Begabung voraus. Die Fähigkeit zur Kommunikation, insbesondere beim Aufkommen negativer Gefühle, verlangt durchaus Übung und Training, weil Partnerschaft, Solidarität, Authentizität, Selbst- und Fremdwahrnehmung Haltungen und Fähigkeiten sind, die man erlernen kann. Auf ihre Schulung sollte in der Ausbildung von Krankenseelsorgern besonderer Wert gelegt werden.

In der amerikanischen Seelsorgebewegung ist die sogenannte *Clinical Pastoral Education* (CPE, entspricht im deutschen Sprachraum der sogenannten Klinischen Seelsorgeausbildung)[10] entwickelt worden, eine Methode, die unter Berücksichtigung sozialpsychologischer und tiefenpsychologischer Erkenntnisse versucht, den Seelsorger für das Feld des beratenden und seelsorglichen Gesprächs zu schulen. Wenn sich auch der seelsorgliche Auftrag von dem des Therapeuten unterscheidet, so kann doch der Seelsor-

[10] Vgl. dazu *H. J. Clinebell,* Modelle beratender Seelsorge, München – Mainz 1971; *C. Becher* (Hrsg.), Klinische Seelsorgeausbildung. Schriften der Evang. Akademie in Hessen und Nassau, Heft 98, Frankfurt 1972.

ger nicht auf Erkenntnisse und Methoden verzichten, durch die ihm eine Erziehung zu den oben beschriebenen Haltungen in methodischer Durchführung erst verhelfen will.
Es gibt also in verschiedenen psychotherapeutischen Methoden Ansätze, die sich gerade zur Entwicklung der oben beschriebenen Haltungen und Fähigkeiten eignen. Um zu lernen, wie man Kranke begleitet, mit ihnen fühlt, dabei auf die eigenen Gefühle achtet, authentisch bekennt, sich solidarisiert und distanziert, eignen sich besonders die Methoden des *Pastoral Counseling* [11]. Weiterhin sollte der hauptamtliche Krankenhausseelsorger mit grundlegenden tiefenpsychologischen Erkenntnissen so weit vertraut sein und ihre Methoden erfahren haben [12], daß er z.B. mit eigenen und fremden Widerständen und Störungen umgehen [13] und frühzeitig neurotische Störungen erspüren kann, um beispielsweise die Grenze seiner Aufgabe wahrzunehmen und in angemessener Weise dem Patienten zu einer Therapie zu verhelfen oder auch, um bei sich selbst übergangene Probleme aufzuarbeiten.
Wer damit anfängt, in diesem Feld selbst zu erfahren und zu üben, wird den Zusammenhang von Seelsorge und Therapie neu verstehen. Er wird feststellen, daß Seelsorge ebenso wichtige therapeutische Auswirkungen haben kann, wie eine indizierte Therapie erst zu einem fruchtbaren Glaubensverständnis verhelfen kann. Im weiteren Sinn ist dann Seelsorge auch Therapie. Und doch ist die eigene Aufgabe des Seelsorgers im Krankenhaus in ihrer theologischen Dimension so wichtig, daß er sich in der Regel darauf beschränken sollte und nur in Ausnahmesituationen, soweit er dies kann (und sich z.B. in solchen Fällen auch von einem erfahrenen Therapeuten kontrollieren läßt), das Notamt des Therapeuten übernimmt, sofern niemand zur Verfügung steht und er selbst sich sicher fühlt in den Methoden, die er anwendet. Je mehr der Seelsorger versteht, was zwischen ihm und dem Patienten, mit dem er spricht, vorgeht, desto mehr wird er auch zum Partner des Ärzte- und Pflegepersonals in dem gemeinsamen Bemühen um eine ganzmenschliche Heilung.
In der Ausbildung und Fortbildung hauptamtlicher Krankenhausseelsorger sollte die Durcharbeitung der Praxiserfahrung an erster Stelle stehen. Geeignete Formen dafür sind: Nachgespräche mit Supervisoren (Praxisberater) im Anschluß an Besuche auf Krankenstationen, Kleingruppengespräche über die aus dem Gedächtnis selbst angefertigten Protokolle über Patientengespräche, Rollenspiele, Selbsterfahrungsgruppen zur Schulung der

[11] Vgl. dazu den Beitrag von *H. Pompey,* Das Seelsorgegespräch nach der Methode der Gesprächstherapie, in: Lebendige Seelsorge 26 (1975) 201–211.
[12] Vgl. dazu *G. Griesl,* Die Praxis der Individualseelsorge auf psychoanalytischer Basis, ebd. 184–189.
[13] Vgl. dazu *H. Stenger,* Der Seelsorger als Vermittler möglicher Glaubenserfahrungen, in: ebd. 153–162, insb. Ziff. 1 „Beziehungsgestaltende Bedingungen für die Erfahrungen".

Selbst- und Fremdwahrnehmung, wofür sich besonders die Themenzentrierte Interaktion nach *Ruth C. Cohn* eignet [14]. Eine eigene Bedeutung in der Krankenhausseelsorger-Fortbildung haben inzwischen Balint-Gruppen gefunden, die in verschiedenen Städten Deutschlands bereits stattfinden (z. B. in Frankfurt, Mannheim, Heidelberg, Stuttgart, Homburg/Saar, München u. a.). Sie gehen auf den ungarischen Arzt und Freud-Schüler *Michael Balint* zurück [15]. In einer solchen Gruppe von sechs bis zehn Teilnehmern unter der Leitung eines erfahrenen Psychotherapeuten berichtet jeweils ein Teilnehmer über eine wichtige seelsorgliche Begegnung. Die übrigen Teilnehmer spiegeln sein Verhalten in der Darstellung und in dem Fall und versuchen herauszufinden, wo die Schwierigkeit des Teilnehmers in der Beziehung zur Krankheit und zum Patienten liegen könnte.
Die hier genannten Methoden für die Aus- und Fortbildung von Krankenhausseelsorgern für das seelsorgliche Gespräch finden sich alle wieder in den Methoden der Klinischen Seelsorgeausbildung, zu der dann noch weitere Elemente der Theorie, insbesondere der Pastoraltheologie und Pastoralmedizin, kommen sowie verschiedene Hospitationen der Klinik (Intensivstationen, Psychiatrische Patientengruppen u. ä.). Auf evangelischer Seite existieren solche Ausbildungszentren in Hannover, Bethel, Frankfurt, Erlangen-Nürnberg und Stuttgart. Auf katholischer Seite wurde das erste Zentrum dieser Art jetzt von der Deutschen Bischofskonferenz als förderungswürdig anerkannt (Klinische Seelsorgeausbildung, 6900 Heidelberg, Hospitalstraße, Geb. 34).

3. Pastorale Hinweise zum Besuch bei Kranken [1]

(Karlheinz Beichert)

Die Sorge für die Kranken ist eine der wichtigsten und zugleich schönsten Tätigkeiten einer Gemeinde. Dieser Bericht soll einige Aspekte aufzeichnen, die hierbei bedeutsam sind. Viele werden ähnliche oder noch andere

[14] Vgl. dazu *R. C. Cohn,* Das Thema als Mittelpunkt interaktioneller Gruppen, in: Gruppenpsychotherapie und Gruppendynamik, Bd. 3, Heft 2, Göttingen 1970; *dies.,* Zur Grundlage des themenzentrierten interaktionellen Systems (Axiome, Postulate, Hilfsregeln), in: Gruppendynamik, Stuttgart 1974.

[15] Vgl. dazu *M. Balint,* Der Arzt, sein Patient und die Krankheit. Stuttgart ³1963; zur Balint-Gruppe vgl. *J. Mayer-Scheu,* Artikel: Balint-Gruppe, in: Praktisches Wörterbuch der Pastoral-Anthropologie, Wien 1975; *H. Argelander* (Hrsg.), Konkrete Seelsorge. Stuttgart 1973.

[1] Mit freundlicher Genehmigung von Autor und Verlag übernommen aus: Lebendige Seelsorge 30 (1979) 39–42.

Erfahrungen gesammelt haben. Ich bin dankbar für die Begegnung mit kranken Menschen. Ich habe oft mehr Trost erfahren, als ich gegeben habe. Ich bin oft mehr im Glauben bestärkt worden, als ich Hilfe zum Glauben geben konnte.
Heute wird die Krankheit meist negativ empfunden und gedeutet. Natürlich ist sie auch ein Übel, das überwunden werden muß. Jedoch darf nicht übersehen werden, daß die Krankheit zugleich eine Zeit des Heiles ist. Der Mensch kommt durch die Krankheit dazu, seine Grenzen zu sehen. Er sieht bei sich selbst, daß die Bäume nicht in den Himmel wachsen. In der Erfahrung nun, daß diese Grenzen letztlich doch keine unüberwindlichen Hindernisse sind, daß hier keine Begrenzung signalisiert wird, sondern ein Weiterwachsen ermöglicht und gefördert wird, liegt seine Chance in dieser vielleicht entscheidenden Stunde. Das körperliche Weh kann für den modernen Menschen ein wichtiger Anstoß werden, wenn er es nicht überspielt. In der Krankheit erfahren viele sich selbst ganz konkret, sind mit ihren Gedanken konfrontiert, spüren die Nähe des Nächsten, der ihnen hilfreich zur Seite steht, und auch den, dem sie selbst helfen können.
In den Städten – mehr als auf dem Land – sind viele Kranke wenigstens während der schwierigsten Phase ihrer Krankheit oder zum Ende ihres irdischen Lebens im Krankenhaus oder zur Pflege in einem Altenheim. Ich habe seit 20 Jahren im Rahmen der pfarrlichen Tätigkeiten die Aufgabe, ein städtisches Krankenhaus mitzubetreuen. Der kranke Mensch sollte immer in der Sorge der Gemeinde bleiben, auch wenn sie selbst nicht immer diese Sorgen wahrnehmen kann. Und immer sollte der Krankenhausseelsorger im engen Kontakt mit dem Leben der Kranken sein. Er sollte seine Arbeitswelt, die Situation in den Familien, die Welt der Jugendlichen kennen, denn die Krankheit und das Sterben sind wichtige Lebensabschnitte.

Ziele des Krankenbesuchs

Einige Ziele sollen genannt werden, die man im Auge haben muß, auch wenn man sie nicht sogleich und auch nicht ganz erreichen kann. Man muß sich auf den Patienten einstellen, seine körperliche und seine religiöse Verfassung beachten, in jeder Weise sich ihm annähern.

Den Kranken als Mitmenschen ernst nehmen und eine große Achtung vor ihm haben: Dies soll ihm durch die Weise der Begegnung erfahrbar gemacht werden. Viele Kranke fühlen besonders ihre Armseligkeit. Sie können nicht arbeiten. So wenig können sie tun ohne fremde Hilfe. Die Angehörigen wissen mit Leid und Sterben nichts anzufangen. Sie drücken sich davor, und sie lassen die Leidenden allein. Sie suggerieren ihnen Gesundheit in einer falsch verstandenen Hilfsbereitschaft und können so dem

Kranken in seiner wirklichen Not kaum beistehen. Wie wenige können noch trösten! Selbst sehr angesehene und einflußreiche Leute sind bald allein gelassen. Im Krankenhaus empfinden sie besonders ihre Hilflosigkeit, da sie zwar behandelt werden, aber als Menschen sich oft nicht geachtet wissen. Sie fühlen sich »entmündigt«. Die Patienten sind aus ihrer gewohnten Umgebung herausgenommen. Hier erfahren sie die Unsicherheit der Zukunft und die Ungeborgenheit ohne ihr Zuhause. Aus diesen Gründen ist es notwendig, den Kranken anzunehmen, wie er ist, ihn gern zu haben und ihm so die Möglichkeit zu geben, Fuß zu fassen.

Den Kranken anhören, sich mit ihm austauschen in seinen Anliegen und seinen Lebensbezügen: Der Kranke ist nicht nur ein Kranker, er lebt weiterhin in vielerlei Lebensbezügen. Er will erzählen und muß sich aussprechen können. Er will aber auch Neues erfahren, die Ansichten und Meinungen des Besuchers hören. Dieser kleine Ausschnitt aus dem Leben ist wichtig und hilfreich. Leider betrachten viele solche Gespräche als Zeitverschwendung.

Dem Kranken helfen, seine Krankheit annehmen zu können: Nur so kommt er körperlich und geistig weiter. Dies ist medizinisch wichtig, aber noch mehr wird in solchem Annehmen der Wille Gottes sichtbar, der den Kranken diesen Weg führt. Es braucht seine Zeit, dies zu verstehen, und es gibt viele Phasen in diesem Prozeß. Es scheint alles gerade an diesem wachsenden Verstehen des Tuns Gottes zu hängen. Dies gilt immer im Leben, für alle Situationen, jedoch wird es hier ganz konkret erfahrbar. Bei aller Robustheit und Zähigkeit, gesund werden zu wollen, die ganz legitim sind, führt diese Annahme zu einer Echtheit und Lauterkeit des Herzens, sie führt zur *wahren* Gesundheit.

Dem Kranken die Liebe Gottes verkünden: Oft wird Krankheit als Unglück und Strafe angesehen. Der Kranke soll erfahren, wie Christus zu den Kranken war und wie er auch zu ihm ist. Er wird wohl diese Liebe am besten nicht durch Worte verstehen können, sondern vielmehr darin, wie der Besucher zu ihm kommt, wie er ihm begegnet und wie er fähig ist, dem Kranken Freude zu schenken. So kann dieser in seinem ganzen religiösen Leben weitergeführt werden. Gerade in der Krankheit ist dies gut möglich. Der Kranke hat Zeit, er ist in der Regel offen für den seelsorgerlichen Besuch, er kommt ins Nachdenken über sein Leben und seinen Zustand. Es ist auch leichter, den Kranken zu den Sakramenten zu führen.

Eigenschaften des Seelsorgers

Der Besuch beim Kranken fordert den Seelsorger in seiner ganzen Person heraus. Die folgenden Gedanken wollen mehr der Besinnung dienen.

Nichts wird ganz erreicht werden können, aber man müßte es immer wieder versuchen.

Er sollte ein einfacher und schlichter Mensch sein. Er sollte zuhören können und bescheiden sein: Mit frommen Sprüchen kommt man nicht weiter. Er sollte keine Maske aufhaben, sondern sich so geben, wie er ist, wirklichkeitsbezogen und glaubwürdig.

Er müßte fähig sein, den Kranken anzunehmen und sich auf ihn einzulassen. Er sollte Achtung vor ihm haben: »Nehmt einander an, so wie Christus uns angenommen hat zum Preise Gottes« (Röm 15, 7). »Seid barmherzig, wie euer Vater barmherzig ist« (Lk 6, 36). Dadurch werden wir dem Kranken helfen, auch sich selbst anzunehmen. Ohne großes Hervortun ist es notwendig, dieses Dabeisein für den Kranken wahrnehmbar und erfahrbar werden zu lassen. Dies braucht menschliche Nähe und Zeit. Nötig ist ein gewisses Maß an Flexibilität und Beweglichkeit. Es ist nicht immer ganz einfach, sich auf verschiedene Situationen einzustellen. Jedoch in dem Maß, wie man sich einläßt, wird auch der Kranke fähig, sich einzulassen.

Auch psychologische und pädagogische Fähigkeiten sind wertvoll und notwendig: Da das Gespräch sehr im Vordergrund steht, die Menschen sensibler, manchmal auch im geistig-seelischen Bereich kränker geworden sind, sind diese Hilfen unentbehrlich. Wichtig ist, dem Kranken in sozialen und familiären Schwierigkeiten beizustehen. Familiäre Schwierigkeiten, in denen der Kranke sich befindet, können angegangen werden. Der Kranke selbst braucht soziale Hilfen. Vieles muß hierbei von anderer Seite übernommen werden. Es geht aber oft um das erste Gespräch über diese Themen.

Wir müßten alles so tun, wie Christus es selbst getan hat: Wir gehen in seinem Auftrag. Er beugt sich über den Kranken. Hier wird etwas deutlich: Wir sollen keine Psychologen sein – obgleich diese auch wichtig sind – und keine Sozialarbeiter – obgleich diese nicht vergessen werden dürfen –, sondern Begleiter der Kranken und noch mehr Boten Gottes, die behutsam ein Stück Weges mitgehen, etwas schenken und öffnen dürfen, was von Gott kommt. In den Schlußgebeten der Laudes vom Samstag der II. Woche steht: »Christus will von uns in allen Brüdern erkannt und geliebt werden, besonders in jenen, die leiden.« Ich müßte Ihn beim Kranken erwarten. Er ist bereits am Werk, bevor ich komme. Denken wir daran, wenn wir mit dem Auto zu dem Kranken hinfahren, wenn wir nachts gerufen werden? Versuchen wir, seine Spuren im Kranken zu entdecken, sind wir hellhörig, was im kranken Bruder vor sich geht.
Dies alles kann bei jedem Kranken geschehen, ganz gleich wie er innerlich eingestellt ist. Unsere Nähe zu Christus wird dabei das Wichtigste für die Kranken sein, besonders auch für die, die am weitesten von Christus entfernt zu sein scheinen.

Krankensalbung und Krankenkommunion

Durch den neuen Ritus der Krankensalbung hat das Sakrament einen anderen Stellenwert erhalten. Die Scheu vor der Krankensalbung beginnt zu weichen. Es wird mehr und mehr als ein Sakrament zur Bewältigung der Krankheit erfahren. Deutlich tritt in das Bewußtsein, wie der Christ durch die Krankheit im Glauben wachsen kann. Der Mensch steht in der Welt, eingebunden in ihre Schwierigkeiten und Ungerechtigkeiten. Er leidet darunter und er trägt diese seine Welt zusammen mit Christus. Das Annehmen der Krankheit als Annahme des Willens Gottes ist die Antwort des Kranken auf das Kommen Gottes im Sakrament der Krankensalbung.

Der Ritus ist von tiefer Eindruckskraft. In den Fürbitten wird die Gemeinschaft der Gläubigen erfahren. Die Handauflegung macht dem Kranken die Kraft bewußt, die ihm geschenkt wird. Die Salbung und das Ergreifen der Hände durch den Priester macht die liebende Nähe Gottes erfahrbar.

Eine große Bedeutung gewinnen die Gottesdienste mit gemeinsamer Spendung der Krankensalbung. Hierzu kommen besonders ältere und kränkliche Gläubige. Sie spüren, daß die Gemeinde hinter ihnen steht. Sie werden geachtet in ihrer Krankheit. Manchmal hat man den Eindruck, daß gleichsam ein eigener Stand in der Gemeinde entsteht. Nach der Feier haben viele den Gesalbten die Hände geschüttelt. Vielleicht gehört die Krankensalbung, wie auch andere Sakramente, ab und zu in den sonntäglichen Gemeindegottesdienst.

Mit den Priestern und Diakonen wird die heilige Kommunion auch von Helfern und Helferinnen den Kranken gebracht. Die Spendung der Krankenkommunion sollte schlicht, einfach sein. Dazu versammeln sich die Familie, andere Kranke und Nachbarn an dem Krankenbett.

Begleitung von Sterbenden

Der moderne Mensch weiß immer weniger mit Leid und Tod umzugehen. Wie sehr aber braucht der sterbende Mensch die Nähe eines ihm vertrauten Menschen! Hier wird eine sehr dringende Aufgabe für die Gemeinde sichtbar, die auf jedes der Gemeindemitglieder einmal zukommen kann. Die Gesten und die Worte müssen glaubwürdig sein. Das stille Verstehen und einfache Dabeisein sind oft wichtiger als viele Worte. Die Weise des Betens soll sehr schlicht sein. Vielleicht können wir so intime Worte und Gebete nur sagen, wenn wir allein mit dem Kranken und Sterbenden sind. Zu beachten sind auch die verschiedenen seelischen Phasen, die ein Schwerkranker und Sterbender durchzumachen hat, bei denen wir je verschieden zu reagieren haben. Vor dem sterbenden Menschen, der nun vor das Antlitz Gottes tritt, sollten wir eine sehr große Ehrfurcht haben. Wir begleiten ihn betend und geben ihn in die Hände Gottes.

Personenkreis

Eigentlich sollte jeder in der Gemeinde fähig sein, andere zu trösten und aufzurichten. Aber dies ist nicht allen möglich. Viele haben andere wichtige Dinge zu tun und viele können es auch nicht. Der Bischof hat dem Pfarrer die Sorge um die Kranken ans Herz gelegt. Auch für die Diakone ist dies eine der wichtigsten Aufgaben. In der Pfarrgemeinde könnte es eine Gruppe von Helfern und Helferinnen geben, die sich der Kranken annehmen. Dabei dürfen aber die Angehörigen der Kranken und die Nachbarn nicht ausgeschaltet werden. Junge Menschen sind oft sehr bereit und auch befähigt, Kranke und Leidende zu verstehen und ihnen beizustehen. Dadurch können sie zugleich in die Aufgaben der Gemeinde hineinwachsen. Sie werden viel für sich selbst gewinnen. Erfahrungen lassen erkennen, wie Jugendliche menschliche Bereiche entdeckt haben, die ihnen zuvor noch verschlossen waren.

4. Literaturhinweise (in Auswahl)

E. Ansohn, Die Wahrheit am Krankenbett. Hamburg 1975.

M. Bührer, Anregungen für die Krankenpastoral. München–Luzern 1977.

Die *Deutschen Bischöfe:* Menschenwürdig sterben und christlich sterben. Bonn 1978.

E. Engelke, Sterbenskranke und die Kirche. München–Mainz 1980.

F. Furger, Der Christ vor Krankheit, Alter, Leid und Tod. Freiburg/Schweiz 1975.

H.-G. Klatt, Besuch im Krankenhaus. Menschliche Erfahrungen. Göttingen 1979.

A. Köberle, Geduld und Hoffnung. Besuch am Krankenbett. Stuttgart 1970.

J. Mayer-Scheu, Seelsorge im Krankenhaus. Mainz 1977.

ders., Heilszeichen für Kranke. Krankensalbung heute. Kevelaer 1975.

J. Mayer-Scheu/R. Kautzky (Hrsg.), Vom Behandeln zum Heilen. Die vergessene Dimension im Krankenhaus. Wien–Göttingen 1980.

M. Probst/K. Richter (Hrsg.), Heilssorge für die Kranken. Freiburg 1975.

Sonntagsgruß ans Krankenbett. Kath. Krankenbriefe. Hg. vom Kamillianerkonvent, Ludwigstraße 27, 7800 Freiburg.

W. Wiesen, Der Krankenbesuch des Priesters in der Gemeinde. Meitingen 1975.

DER SEELSORGER IM BEICHTGESPRÄCH

1. Erfahrungen von Seelsorgern

(Joseph Pfeiffer)

Folgendes *Rollenspiel* führte in die Diskussion über Probleme und Fragen zum Beichtgespräch ein:
»Ein dem Pfarrer nicht näher bekannter Mann (55) hatte diesen telefonisch um ein Beichtgespräch im Pfarrhaus gebeten. Im Gespräch stellte sich heraus, daß die Frau des Mannes vor zwei Wochen gestorben war. Die Betroffenheit darüber veranlaßte den Mann, mit Glaube und Kirche wieder neu zu beginnen. Er ist Beamter im Finanzamt, hat zwei erwachsene Kinder, die auswärts verheiratet sind. Zuletzt war er vor fünf Jahren bei der Beichte, zum Gottesdienst kam er selten.«

Sprechen Sie anhand der Video-Aufzeichnungen das seelsorgerliche Verhalten des Priesters durch!

Die Situation des Pönitenten im Rollenspiel ist wirklichkeitsnah gezeichnet. Gerade Menschen, die längere Zeit nicht mehr gebeichtet haben, wünschen ein Beichtgespräch. Dabei mag auch mitspielen, daß das übliche Beichtschema ihnen fremd geworden ist und sie mit dem Beichtgespräch die Hilfe des Beichtvaters diskret erbitten. Ähnliches gilt bei Jugendlichen, die sich von der eingeübten Form der Kinderbeichte lösen wollen und eine ihnen gemäßere Art zu beichten suchen. Daß auch das Neuartige junge Menschen für das Beichtgespräch einnimmt, ist sicher nicht zu leugnen.
So hat das Beichtgespräch seinen Ort vor allem bei Einkehrtagen der Jugend, aber auch an Wendepunkten im Leben, z. B. vor der Trauung, anläßlich der Taufe und Erstkommunion eines Kindes, beim Tod eines nächsten Angehörigen. Nicht zuletzt wird es durch einen gut gestalteten Bußgottesdienst angeregt. Ebenso kann ein persönliches Gespräch, das ein Priester z.B. mit einem Jugendgruppenleiter führt, die Vertrauensbasis schaffen, die ein Beichtgespräch voraussetzt. Ganz allgemein kann man sagen: Wer einmal ein gut geführtes Beichtgespräch erlebt hat, sucht es auch in der Folgezeit immer wieder.

Benennen Sie einige Probleme und Fragen zum Thema des Arbeitskreises!

Gegenüber der allgemein üblichen Beichtpraxis erfährt der Pönitent beim Beichtgespräch vor allem, daß sein Gegenüber, der Priester, auf ihn persönlich eingeht, ihn ernst nimmt sowie mit ihm fühlt und denkt. Er kann mühelos Rückfragen stellen und das Gespräch in die Richtung lenken, wo seine eigentlichen Anliegen anzutreffen sind. Auch das Bußwerk kann gemeinsam überlegt werden. So erhält das Bußsakrament jene persönliche Note, die etwa dem Bußgottesdienst fehlt und deshalb auf Dauer die Menschen doch immer wieder zur Einzelbeichte drängt.

Gleichwohl wird das Beichtgespräch noch verhältnismäßig selten gesucht. Die Mehrzahl der Pönitenten wünscht nach wie vor die Anonymität. Wo, wie vielfach noch auf dem Land, Konkurstage üblich sind, läßt allein schon die Rücksicht auf die »Schlange« an den Beichtstühlen kaum die für ein Beichtgespräch erforderliche Zeit. Die ungeduldig Wartenden würden die lange Dauer einer Beichte negativ bewerten.

Von hier aus stellt sich die Frage nach dem rechten Ort für ein Beichtgespräch. Der übliche Beichtstuhl, in dem der Pönitent kniend, hinter einem Gitter, seine Sünden bekennt, ist sicher nicht die freundlichste Einladung zu einem Dialog. In jedem Fall muß der Beichtstuhl schalldicht abgeschlossen sein und, wenn möglich, eine Sitzgelegenheit bieten. Günstiger ist ein Beichtzimmer. Auch das Sprechzimmer des Seelsorgers scheint geeignet zu sein, wenn eine Störung durch Telefonanrufe ausgeschlossen werden kann. Jugendliche führen ein Beichtgespräch gerne auch bei einem Spaziergang. Bei dieser lockeren Form kostet es zuweilen etliche Mühe, das Gespräch in das Sündenbekenntnis überzuführen. Dies gelingt manchmal erst, wenn ein Sündenbewußtsein geweckt worden ist.

Die Regel ist immer noch die herkömmliche Form der Beichte. Anhand eines Rasters werden oft sogar in den Formulierungen eines Beichtspiegels die Sünden bekannt, ohne daß der Kern der inneren Not bzw. Schuld aufgedeckt wird. Erstaunlich ist es deshalb, wenn die Frage am Ende der Beichte: »Möchten Sie sonst noch etwas zur Sprache bringen?« die Zunge plötzlich löst und der Pönitent sich offenbart.

1. Das seelsorgliche Gespräch in der Feier der Versöhnung[1]

(Josef Tasch)

Hilflosigkeit und Ratlosigkeit gegenüber dem Bußsakrament

»Ritus und Formeln des Bußsakramentes sollen so revidiert werden, daß sie Natur und Wirkung des Sakramentes deutlicher ausdrücken« – so steht es in der Liturgiekonstitution des Zweiten Vatikanischen Konzils (Nr. 72). Diese knappe Behandlung des Bußsakramentes im Rahmen der Liturgiereform verrät Verlegenheit, Hilflosigkeit und Ratlosigkeit. Daran hat sich bis heute noch nicht viel geändert. Bischöfe und Priester beklagen in Hirtenschreiben und Predigten den Rückgang des Empfangs des Bußsakramentes und laden »alle Gläubigen ein, regelmäßig in überschaubaren Zeiträumen das Sakrament der Buße zu empfangen«[2]. »Man geht dabei unreflektiert von der Vorstellung aus, daß die bisherige Bußpraxis die bestmögliche sei, und wenn sie nicht mehr geübt werde, könne es nur an einem Glaubensschwund liegen.«[3] So richten sich die Bemühungen vieler Priester zu einseitig darauf, die Leute wieder in den Beichtstuhl zu bekommen. Wäre es nicht viel wichtiger, zunächst einmal nach dem Wesen der Buße zu fragen und dann nach Wegen zu suchen, wie Buße in der heutigen Situation realisiert werden kann?

Es fällt schwer, eine pastorale Grundausrichtung zu erkennen. Das wird vor allem deutlich, wenn es um die Diskussion »Bußgottesdienst und/oder Beichte« geht. Der Hinweis, daß die Kirche »viele andere Wege der Buße und Sündenvergebung kennt: Gebet, Lesung der Heiligen Schrift, gläubiges Hinhören auf Gottes Wort, Mitfeier der Eucharistie, Werke der Nächstenliebe und Formen des Verzichts, Versöhnung mit anderen«[4], macht die Undurchschaubarkeit und Unsicherheit für viele noch größer. Dazu kommen die Erkenntnisse der Tiefenpsychologie und Soziologie (vgl. Milieutheorien), die das bisherige kirchliche Verständnis von Schuld und Sünde z.T. in Frage stellen. »Die traditionelle Lehre und Praxis gehen von der Vorstellung aus, als verfüge der Mensch über eine höchstens akzidentell und ausnahmsweise behinderte selbstmächtige Entscheidungsfähigkeit. Die heutige Anthropologie hat demgegenüber aufgezeigt, wie sehr unsere Freiheit durch erbliche Belastung, sozialen Druck, frühkindliche Tabuisie-

[1] Viele Anregungen zu diesem Beitrag verdanke ich den Vorlesungen und Seminarübungen bei *J. Schwermer,* Paderborn, und *H. Stenger,* München. Einzelne Formulierungen habe ich meinen Notizen zu diesen Vorlesungen und Seminarübungen entnommen.
[2] Hirtenwort der *Deutschen Bischöfe* zur Einführung der neuen Bußordnung.
[3] *A. Exeler* u.a. Zum Thema Buße und Bußfeier. Stuttgart 1971, 9.
[4] Gemeinsame Synode ... Offizielle Gesamtausgabe I (Freiburg – Basel – Wien – 1976) 261.

rungen, traumatische und neurotische Komplexe, unbewußte Steuerungsmechanismen u.a. bestimmt ist ... Solche Erkenntnisse können nicht ohne praktische Konsequenzen für die konkrete Gestaltung von Buße bleiben.«[5]

Neue Ansätze in der Bußpraxis

Doch es zeigen sich auch bereits neue Ansätze. Der Rückgang des Empfangs des Bußsakramentes ist nicht ohne weiteres nur negativ zu beurteilen, denn er offenbart auch, daß eine überzogene Beichtpraxis abgelegt wurde und das schablonenhafte Beichten abnimmt. Anstelle der schematischen Beichte ist, vor allem bei jüngeren, aber auch schon bei vielen älteren Menschen, die personale Beichte getreten. Sie hat in den letzten Jahren ohne Zweifel zugenommen.

Ich werte auch die starke Teilnahme an Bußgottesdiensten zunächst einmal positiv. Aus Gesprächen weiß ich, daß nicht in erster Linie nur diejenigen kommen, die es »billiger haben wollen«. Zum großen Teil kommen solche, die wirklich eine Hilfe für persönliche Buße und Umkehr suchen. »Billiger« könnten sie es haben, wenn sie sich vor den hohen Festtagen mit in die Reihe vor den Beichtstuhl stellen und ein unpersönliches Bekenntnis ablegen würden. Der Priester kann dann normalerweise auch nur in ein paar Sätzen einen allgemeinen Zuspruch erteilen und eine routinemäßige Buße auferlegen. Ob hier in jedem Fall Umkehr und Neuorientierung geschehen, wage ich zu bezweifeln.

»Die persönliche Beichte darf ... nicht verlorengehen. Man wird sie befreien müssen von fragwürdigen Erscheinungen (dem schematischen Vollzug, der Massenabfertigung von Schulklassen, der Konzentration eines Großteils der Gemeinde auf die Tage vor den Hochfesten, der sklavischen Verhaftung an den Beichtspiegel usw.).«[6] Ja, die persönliche Beichte darf wegen der Notwendigkeit der Zeichen für unser Leben nicht verlorengehen! Wenn ich einen Menschen liebe, dann genügt es nicht, daß ich ihm durch viele Worte meine Liebe bekunde. Die Liebe wird auf die Dauer nur lebendig bleiben, wenn sie immer wieder durch Zeichen, wie z.B. Blumen, Geschenke u.a., bestätigt und erfahrbar wird. Wenn aber die zeichenhafte Bestätigung schon für den zwischenmenschlichen Bereich so notwendig ist, dann noch mehr in dem Verhältnis des Menschen zum unsichtbaren Gott. Vom Verstand her kann mir ganz klar sein, daß Gott mir meine Sünden vergeben hat. Aber erst die zeichenhafte Bestätigung der Vergebung Gottes im Bußsakrament macht mir die Vergebung auch unmittelbar und sinnenfällig erfahrbar. Das sollte bei allen neuen Versuchen in der Bußpraxis beachtet werden.

[5] *Exeler,* a.a.O. 15.
[6] *Exeler,* a.a.O. 17.

Früher war die Ohrenbeichte ein fester Bestandteil von Einkehrtagen und Exerzitien. Es fällt auf, daß heute viel mehr als früher anstelle der Ohrenbeichte die Möglichkeit der persönlichen Aussprache mit dem Priester gesucht wird. Ich sehe darin einen guten Ansatzpunkt für eine Neubelebung des Bußsakramentes: im persönlichen Beichtgespräch. Dieses sollte man allerdings auch keinem aufdrängen. Der Priester muß es respektieren, wenn weiterhin viele Gläubige die Anonymität des Beichtstuhls vorziehen. Ich glaube, daß wir in den nächsten Jahren im Hinblick auf Buße und Bußsakrament noch eine Strecke der tastenden Versuche durchlaufen müssen. Was wir nötig haben, ist einerseits eine Neubesinnung auf das Wesen des Bußvorgangs und zum anderen im Umgang miteinander Geduld und Toleranz, vor allem keine gegenseitige Verketzerung!

Das Beichtgespräch – eine Möglichkeit zur Neubelebung des Bußsakramentes

Ich stimme denen zu, die sagen, daß es bei der Neubelebung des Bußsakramentes um mehr geht als nur um die Erneuerung von Riten und Formeln. Auf der anderen Seite glaube ich aber, daß durch neue Formen durchaus auch ein neues Verständnis für Buße, Umkehr und Versöhnung geweckt werden kann.

In unserer Zeit ist ein Hunger nach echtem Gespräch ausgebrochen. In einer Zeitung soll folgende Notiz gestanden haben: »Biete jedem, der es wünscht, die Möglichkeit, sich auszusprechen. Honorar pro halbe Stunde 10 DM.« Die Frau, die diese Annonce aufgegeben hat, soll ein gutes Geschäft machen. Immer wieder kommen Männer und Frauen zu ihr, die einmal so reden wollen, daß sie das Gefühl haben: Hier hört mir jemand zu. Ich werde angenommen und ernst genommen.

Im Alltag geben wir uns zu wenig Mühe, dem anderen wirklich zuzuhören. Schon nach den ersten Sätzen unterbrechen wir ihn normalerweise, fällen ein Urteil – oft mehr von der äußeren Erscheinung als vom Gesagten her – oder geben einen guten Ratschlag. Man ist als Seelsorger oft erstaunt, wenn Ratsuchende nach einer Aussprache, in der man praktisch nur anteilnehmend zugehört hat, sich bedanken und sagen, das Gespräch habe ihnen sehr geholfen. Das Zuhören scheint wirklich das A und O zu sein, wenn ich meinem Gesprächspartner helfen will.

Wer hat nicht schon die heilende und helfende Kraft eines guten Gesprächs erlebt? Wer hat nicht schon erlebt, wie viele Probleme sich durch ein Gespräch lösten oder zumindest durchsichtiger wurden? Durch das Aussprechen wird erst klares Denken möglich und bieten sich dementsprechend auch neue Möglichkeiten an. Wenn ein Mensch gesund bleiben will, muß er sich von Zeit zu Zeit richtig aussprechen können. »Wir wissen heute, daß

ein solches persönliches Sich-Stellen und Aussprechen von großer Bedeutung für die seelische Gesundheit ist. Sich herausreden wollen, befreit nicht von der Schuld, wohl aber das persönliche Bekenntnis.«[7]
Dieses »persönliche Sich-Stellen und Aussprechen« wird durch das Beichtgespräch sicher viel eher ermöglicht als durch ein kurzes Bekenntnis im Beichtstuhl. Denn jeder, der mit seinem Versagen und seiner Schuld nicht fertig geworden ist, hat zunächst ganz natürliche Hemmungen und Widerstände, darüber zu sprechen. Die Furcht, beurteilt, verurteilt und »abgekanzelt« zu werden, bestimmt normalerweise die Form des Bekenntnisses. Verteidigungsmechanismen werden aufgebaut. Es kommt dann sehr oft nur zu einem vordergründigen, formelhaften Bekenntnis, das ich nicht einfach verurteilen will. Im Gegenteil, ich habe volles Verständnis dafür. Hinter diesem vordergründigen, schematischen Bekenntnis – das weiß jeder Beichtvater, der etwas Erfahrung hat – verbirgt sich zuweilen eine tiefere Problematik. Eigentlich kommt der Beichtende mit dieser seiner Hintergrundproblematik, die ihm gar nicht voll bewußt sein muß. Er kann und wird dem Beichtvater aber nur einen Einblick in diese seine Hintergrundproblematik gewähren, wenn er sich von ihm angenommen und bei ihm geborgen fühlt. Ob der Priester in 5 Minuten im Beichtstuhl dieses Gefühl des Angenommenseins vermitteln kann, wage ich zu bezweifeln. Auf jeden Fall ist es eher im Beichtgespräch möglich.
Es ist in diesem Zusammenhang zu fragen, ob manche das unpersönliche Bekenntnis, den zum großen Teil unpersönlichen Zuspruch des Priesters und die Lossprechung nicht dazu benutzen, um sich nicht weiter mit einem persönlichen Problem auseinandersetzen zu müssen. Die Lossprechung durch den Priester nach einem Aufzählen der Sünden im Beichtspiegelschema kann dazu führen, Probleme zu verdrängen, anstatt sie aufzuarbeiten. Die »seelische Gesundheit« wird dadurch sicher nicht gefördert. Der übliche »Absolutionsmechanismus« vor den hohen Feiertagen kann geradezu dazu benutzt werden, eine wirkliche Umkehr zu umgehen und sich die zwischenmenschliche Aufarbeitung eines Konflikts, etwa eines Ehebruchs, zu ersparen. »Es scheint, als ob bei vielen, die von der bisher üblichen Spendung des Bußsakramentes abgerückt sind, unausgesprochen und auch oft nur unzureichend bewußt die Sorge im Spiele ist, daß die kirchlichen Zeichen der Buße und der Versöhnung nur der Beschwichtigung dienen; daß sie die Konflikte verschleiern, statt dazu anzuregen, sie in aller Klarheit auszutragen. Dies gilt nicht nur etwa für den leider immer noch weit verbreiteten Fall, daß ein schwerwiegender Konflikt zwischen zwei Menschen zwar sakramental ›vergeben‹, aber mit keinem Wort und keiner Tat zwischenmenschlich bereinigt wird.«[8]

[7] Hirtenwort der deutschen Bischöfe.
[8] *Exeler,* a.a.O. 22.

Biblisch verstandene Umkehr richtet den Blick nicht allein in die Vergangenheit, auf einzelne Sünden und ihre Überwindung, sondern in die Zukunft. Sie betont den Akzent der Erneuerung und verlangt neue Hinkehr zu Gott, die sich dann aber auch konkret in den mitmenschlichen Beziehungen zeigen muß. Es geht beim Umkehrprozeß auch immer um kritische Selbstreflexion und Umwertung. Bei der normalen Ohrenbeichte kann sich der einzelne viel leichter vor dieser persönlichen Neuorientierung drücken als beim Beichtgespräch. *Rahner* meint sogar, »daß es sehr oft in der frommen Praxis der letzten Jahrhunderte Beichten gegeben hat, die praktisch nichtig waren. Die Anklage bezog sich sehr oft auf Sünden, von denen man innerlich keinen wirklichen Abstand gewonnen hatte, und damit war gegeben, daß eine wirkliche Reue fehlte und somit die Absolution keinen Nutzen und keine Wirksamkeit hatte ... Ein guter Beichtvater sollte ein Ohr für vielleicht nicht Ausgesprochenes in einer solchen Anklage haben. Nicht, um Sünden zu entdecken, die der Beichtende vergessen oder verschwiegen hätte, sondern um wirkliche Schwierigkeiten des seelischen Lebens beim konkreten Menschen zu entdecken und ihm nach Kräften zu helfen.«[9]

Das Beichtgespräch wird dem theologischen Ansatz der Neuordnung der Buße eher gerecht

Die Neuordnung der Buße spricht vom »Sakrament der Wiederversöhnung«, während früher vom »Sakrament der Buße« allein die Rede war (Rituale Pius' V.). Der Beichtvater steht an der Stelle Christi, der die Menschen mit Gott versöhnt[10]. Seine Hauptsorge soll nicht sein, als »Stellvertreter des Richters« auf die Vollständigkeit des Bekenntnisses zu achten, sondern daß der Beichtende durch ihn Gottes Vergebung und Zuwendung erfährt. Damit ist auch gesagt, daß es dem Priester nicht zusteht, nachzufragen und nachzubohren, selbst dann nicht, wenn die sogenannten schweren Sünden nicht nach »Maß, Zahl und Gewicht« genannt werden. Seine Aufgabe ist es, dem Beichtenden die grenzenlose Vergebungsbereitschaft Gottes erfahrbar zu machen. Er soll deshalb die entsprechende Atmosphäre schaffen und durch sein Auftreten und seine Worte widerspiegeln, daß Gott den Menschen angenommen hat, welche Schuld er auch auf sich geladen haben mag.

Das soll schon durch die äußere Haltung des Priesters zum Ausdruck kommen: Er soll jeden, der zur Beichte kommt, gütig empfangen und freundlich begrüßen[11]. Es wird weiter empfohlen, einen Schrifttext über die Barmher-

[9] *K. Rahner,* Warum man trotzdem beichten soll, in: Entschluß 35 (1980) 12.
[10] vgl. Pastorale Einführung, Nr. 10c.
[11] vgl. Feier der Buße, Nr. 41.

zigkeit Gottes zu lesen. Auch die neue Absolutionsformel betont als erstes die Zuwendung und Liebe Gottes.
Hinter diesen Neuerungen und Vorschlägen für die Praxis steht das Anliegen, den Empfang des Bußsakramentes so zu gestalten, daß auch erfahrbar wird, was hier geschieht: wirkliche Befreiung, Entlastung und die Gewährung eines neuen Anfangs unter dem Vorzeichen der vorbehaltlosen Annahme durch Gott.
Ich meine, daß gerade das Beichtgespräch in besonderem Maße die Möglichkeit bietet, diesem theologischen Anliegen der neuen Bußordnung gerecht zu werden, allein schon durch die äußeren Gegebenheiten wie freundliches Beichtzimmer mit Sesseln und eine gelockerte Gesprächsatmosphäre. Wie stark der Charakter der Beichte allein schon von der äußeren Situation beeinflußt wird, zeigt die Beobachtung, daß wirkliche Beichtgespräche nur selten im alten Beichtstuhl, aber ohne große Schwierigkeiten in einem Beichtzimmer beim gemütlichen Sitzen zustande kommen. Dem Priester gelingt es hier auch viel eher und leichter, ein positives Gesprächsklima zu schaffen, eine Vertrauensbasis aufzubauen und wirklicher Gesprächspartner zu sein. Dagegen verleitet der Beichtstuhl den Priester leicht zu »expertenhaftem Gehabe und pastoralem Tonfall« (*Schwermer*). Beim guten Beichtgespräch erlebt der Beichtende den Priester viel weniger in seiner Rolle als Amtsperson der Kirche, der wie ein Routinier auf jede Frage eine Antwort gibt.
Sobald der Priester das Gefühl vermittelt, daß er nur in seiner Rolle fungiert, schafft er Distanz und ruft vielleicht sogar Aggressionen hervor. Denn damit bestätigt er den Beichtenden in seiner Kleinheit, Schwachheit und Erbärmlichkeit. Wege zu einer Neuorientierung werden verschüttet, da das Geständnis von Schuld jetzt leicht zu einer Selbstentschuldigung wird. Der Beichtende wird nicht mehr frei über sein Leben sprechen können, wenn er fühlt: Ja, das ist die Antwort der Kirche, das weiß ich. Aber das ist nicht mein Problem. Du versuchst mich zu verstehen, du verstehst mich aber nicht.
Bei der gewöhnlichen Beichte muß der Priester zu schnell eine Antwort geben. Er muß in 5 Minuten, in denen jemand etwas über sein Leben stammelt und vielleicht sein wirkliches Problem hinter dem Beichtspiegelschema versteckt, eine Antwort, einen Ratschlag, eine Ermahnung und einen Zuspruch geben. Er ist nun in der Versuchung, mit Autorität und Berufung auf Gott, die Kirche und seine Erfahrung den anderen zu seinem Heil zu zwingen, ihn zu überreden, ihm die Entscheidung abzunehmen[12].«
Wirklich helfen kann ich dem anderen aber nur, wenn ich ihm Hilfe zur Selbsthilfe gebe, d. h. wenn ich ihm dazu verhelfe, sein Leben selbst zu bestimmen und selbst zu entscheiden.

[12] *J. Schwermer,* Das helfende Gespräch in der Seelsorge, Salzkotten 1980, 155.

Das Befreiende ist für den Priester beim Beichtgespräch, daß er mit folgender Einstellung das Gespräch führen kann: Die Zeit gehört jetzt dir allein. Ich muß dir nichts Bestimmtes sagen. Ich muß bei dir jetzt nicht Experte für Dogmatik, Moral und kirchliches Recht sein. Du mußt mit meiner Hilfe selbst eine Antwort finden, aus der heraus du dich dann ändern und dein Leben neu orientieren kannst. Ich muß kein Problem bearbeiten, sondern zunächst nur eine Beziehung aufbauen, die dir das Gefühl des Angenommenseins vermittelt. – Wenn es dem Priester gelingt, dem Beichtenden das Gefühl des Angenommenseins und der »positiven Wertschätzung« (*Rogers*) zu vermitteln, wird er genau dem theologischen Anliegen der neuen Bußordnung gerecht: Er soll Stellvertreter Christi sein, der den Menschen mit Gott versöhnt. Daß Jesus nicht nur den Sündern gesagt hat, daß das Himmelreich auch für sie bestimmt ist, sondern daß er mit ihnen gegessen hat und ihnen menschlich nahe war, daß seine Botschaft also Teil einer bestimmten Beziehung war, das hat die befreiende Wirkung seines Auftretens ausgemacht. Jesus hat seine Worte immer in einer bestimmten Beziehung gesprochen, die durch Liebe gekennzeichnet war. Gerade das erlebten die Menschen damals als Befreiung, und nur so werden die Menschen heute das »Sakrament der Wiederversöhnung« als wirkliche Befreiung erleben.

Nicht eine erlernte Methode ist ausschlaggebend für ein gutes Gespräch

Ein gutes Beichtgespräch hat sehr viel gemeinsam mit dem, »was schon immer Freunde, Verwandte, Seelsorger oder Eltern taten, wenn sie Menschen, die ihnen nahestanden, helfen wollten ... Wenn man sich einem Menschen wirklich zuwendet und ihn achten, in tiefer Weise lieben kann als den Menschen, der er nun einmal ist, dann ist das für ihn eine große Chance: eine Möglichkeit, sich als Mensch zu erleben; eine Atmosphäre, in der er zu sich selbst kommen und wachsen kann; eine Situation, die seine besonderen Möglichkeiten zur Entfaltung bringt.«[13]

Eindrucksvoll zeigt *Hermann Hesse* in seinem Roman »Das Glasperlenspiel« an der Gestalt des Beichtvaters Josephus auf, worauf es bei einem guten Beichtvater ankommt. Er kannte nicht die modernen Methoden der Gesprächsführung. Trotzdem finden wir bei ihm genau all das wieder, was heute als Bedingung für ein gutes Gespräch genannt wird. Es kommt nicht in erster Linie auf das Erlernen bestimmter Methoden an, aber es gibt doch bestimmte Merkmale für ein gutes Gespräch, die manche allerdings ganz selbstverständlich beachten, ohne darüber zu reflektieren. Der Ruf des Beichtvaters Josephus verbreitete sich in der ganzen Gegend. Immer mehr Leute kamen zu ihm, um von ihrer Sündenlast befreit zu werden. Warum?

[13] *Schwermar,* a. a. O. 13–15.

»In Josephus schlummerte eine Gabe, und mit den Jahren, als sein Haar fahl zu werden begann, kam sie langsam zu ihrer Blüte. Es war die Gabe des Zuhörens ... Es schien alles, was ihm an Klagen, Geständnissen, Anklagen und Gewissensängsten zugetragen wurde, in sein Gehör einzugehen wie Wasser in Wüstensand, er schien kein Urteil darüber zu haben und weder Mitleid noch Verachtung für den Beichtenden zu fühlen, und dennoch, oder vielleicht eben darum, schien das, was ihm gebeichtet wurde, nicht ins Leere gesagt, sondern im Sagen und Gehörtwerden verwandelt, erleichtert und gelöst zu werden. Selten nur sprach er eine Mahnung oder Warnung aus, noch seltener gab er einen Rat oder gar einen Befehl; es schien dies nicht seines Amtes zu sein, und die Sprechenden schienen es auch zu fühlen, daß dies nicht seines Amtes war. Sein Amt war, Vertrauen zu erwecken und zu empfangen, geduldig und liebevoll zuzuhören, dadurch der noch nicht fertig gestalteten Beichte vollends zur Gestalt zu verhelfen, das in den Seelen Gestaute oder Verkrustete zum Fluß und Abströmen einzuladen, es aufzunehmen und in Schweigen zu hüllen. Bußen und Strafen zu verhängen, war nicht seines Amtes, auch zum Aussprechen einer eigentlichen priesterlichen Absolution fühlte er sich nicht ermächtigt, es war weder das Richten noch das Vergeben der Schuld seine Sache. Indem er zuhörte und verstand, schien er Mitschuld auf sich zu nehmen, schien er tragen zu helfen. Indem er schwieg, schien er das Gehörte versenkt und der Vergangenheit übergeben zu haben. Indem er mit dem Beichtkind nach seiner Beichte betete, schien er es als Bruder und seinesgleichen aufzunehmen und anzuerkennen. Indem er ihn küßte, schien er ihn auf eine mehr brüderliche als priesterliche, auf eine mehr zärtliche als feierliche Art zu segnen.«[14]

Im Grunde sind in diesem Text alle wesentlichen Bedingungen und Merkmale eines guten Gespräches genannt, wie es im Vorhof des Bußsakramentes geführt werden mag. Ich bin auch davon überzeugt, daß überall dort, wo ich ein Gespräch als gut und hilfreich erlebt habe, mehr oder weniger unbewußt beachtet wurde, was *Hesse* als besondere Gabe des Beichtvaters Josephus beschreibt. Nicht jeder besitzt diese Gaben von Natur aus. Aber jeder kann sich ein Stück davon aneignen, indem er bestimmte Regeln der Gesprächsführung bewußt beachtet.

Worauf es beim Beichtgespräch ankommt

Wenn wir an das Gespräch denken, denken wir gewöhnlich an den Inhalt, an die Worte und an das Ergebnis. Das Beispiel des kleinen Kindes lehrt uns aber, daß es beim Gespräch zunächst gar nicht auf den Inhalt ankommt: Die Mutter spricht mit dem Säugling. Das Kind versteht inhaltlich gar nichts.

[14] *H. Hesse,* Das Glasperlenspiel. Suhrkamp Taschenbuch 79, 14. Auflage 1980, 535–537.

Aber es fühlt durch die unverständlichen Worte hindurch: Ich bin nicht allein. Ich bin angenommen. Es ist jemand für mich da. Die »Sprachmelodie« ist entscheidend.
Das Gelingen und Mißlingen eines Gesprächs hängt in der Regel nicht so sehr von den Worten ab, die gesprochen werden, sondern von den Gefühlen, welche die Worte auslösen. Gerade das aber berücksichtigt die »partner-zentrierte Gesprächsführung«. *Schwermer* schreibt: »Das Beichtgespräch ist ein besonders geeignetes Anwendungsfeld für die partner-zentrierte Gesprächsführung. Damit soll selbstverständlich nicht die Dimension der Gnade geleugnet und das Geschehen auf einen rein psychologischen Klärungsprozeß reduziert werden. Mit der psychologischen Betrachtungsweise erfassen wir immer nur bestimmte Züge und Strukturen einer komplexen Wirklichkeit, die jedoch im Rahmen des Ganzen ihre Bedeutung und ihr Gewicht haben, etwa unter dem Aspekt des menschlichen Mittuns beim Gnadenwirken Gottes.«[15] Der Psychotherapeut hat einen Kranken vor sich, der geheilt werden möchte, der Beichtvater dagegen einen Sünder, der die Versöhnung mit Gott sucht. Das ist ein entscheidender Unterschied, was aber nicht besagt, daß nicht beide für ihre verschiedenen Ziele dieselben Methoden der Gesprächsführung anwenden können. Buße und Umkehr haben, wie andere Grundgegebenheiten des Christlichen, ihre Wurzeln im menschlichen Bereich. Gerade dieser Aspekt wird auch in der neuen Bußordnung betont. Für ein gutes Beichtgespräch gelten deshalb dieselben Regeln wie für jedes andere beratende Gespräch.
»In Josephus schlummerte eine Gabe ... Es war die Gabe des Zuhörens.« Im Alltag nehmen wir uns normalerweise keine Zeit dafür. Wie schnell fallen wir dem anderen ins Wort, sagen unsere Meinung zu seinem Problem oder geben einen guten Ratschlag, noch bevor wir ihn haben ausreden lassen. Durch diese Voreiligkeit verhindern wir aber gewöhnlich auch, daß eine Vertrauensbasis aufgebaut wird und ein positives Gesprächsklima entsteht. Der Gesprächspartner fühlt sich, vor allem wenn er tiefsitzende Probleme hat, nicht angenommen und verstanden und kann darum auch nicht weiter darüber sprechen. Er erhält keine Hilfe zur Selbsthilfe.
Als Seelsorger möchten wir ja helfen – allein schon von Berufs wegen. Wir beschwichtigen, trösten, ermahnen, zitieren den Bibelspruch vom Kreuztragen, weisen auf Leute hin, denen es noch schlechter geht, geben Lebensweisheiten zum Besten, sprechen vom Willen Gottes und sind dann enttäuscht darüber, wie wenig wir dem anderen helfen konnten. Gerade der studierte Theologe und beamtete Seelsorger steht in Gefahr, das feste Lehrgebäude der Dogmatik und Moral und selbst Worte der Heiligen Schrift dazu zu mißbrauchen, dem anderen »den Mund zu stopfen«. So klagt eine Patientin dem Krankenhausseelsorger: »Die Pastoren sagen ein

[15] *J. Schwermer,* Hilfen für das Seelsorgegespräch. München 1974, 86.

Bibelwort – und dabei haben sie noch gar nicht zugehört, was man auf dem Herzen hat ... Erst wenn einer alles erzählt hat, dann dürfen Sie ihr Bibelwort sagen!« Und die bekannte Ärztin *E. Kübler-Ross* ist erstaunt darüber, »wie viele Geistliche in aller Ruhe ein Gebetbuch oder ein Kapitel aus der Bibel gebrauchten, als einzige Form der Kommunikation zwischen ihnen selbst und dem Patienten, und die auf diese Weise die Möglichkeit ausschlossen, auf die Nöte des Patienten zu hören und Fragen ausgesetzt zu werden, die sie nicht beantworten wollten oder konnten«[16].

Das Zuhören ist für ein gutes Gespräch wirklich das A und O, und zwar *das aktive Zuhören.* Es genügt nicht, nur auf das zu hören, was der andere sagt. Aktives Zuhören heißt vor allem, auf die mitschwingenden Gefühle zu achten. Denn sie zeigen an, was den Partner wirklich bewegt. Das Gespräch kann dadurch auf das Wesentliche gelenkt und vertieft werden, da mir die Gefühle signalisieren, wo die eigentlichen Nöte dieses Menschen verborgen liegen. Wenn ich die Gefühle des Gesprächspartners aufgreife und durch meine eigenen Worte »zurückspiegele«, bringe ich ihn dazu, darüber zu sprechen, was ihn wirklich bewegt. Er kann sich jetzt mit seinen Gefühlen, die ja für ihn Bedeutsames signalisieren, auseinandersetzen. Tiefe Gefühle aber können den Menschen so sehr bewegen, daß ihm die Worte dafür fehlen. Deshalb gehört zum aktiven Zuhören unbedingt der Mut, auch Gesprächspausen zu ertragen und zu schweigen. Bei diesem aktiven Zuhören kann allein ein einfaches »Ja« oder »hm« sehr wirkungsvoll sein.

Das Amt des Josephus war es, »Vertrauen zu erwecken und zu empfangen, geduldig und liebevoll zuzuhören, dadurch der noch nicht fertig gestalteten Beichte vollends zur Gestalt zu verhelfen, das in den Seelen Gestaute oder Verkrustete zum Fluß und Abströmen einzuladen.« Darin sollte jeder Beichtvater seine Aufgabe sehen, »das in den Seelen Gestaute oder Verkrustete zum Fluß und Abströmen einzuladen«. Denn es ist doch ein wesentliches Ziel des Beichtgespräches, daß der Beichtende zu einer vertiefteren Selbsterforschung kommt und selbst Verantwortung für sein Leben übernimmt. Dann wird auch das Bußsakrament erst wirklich als Befreiung erlebt. Wie aber kann der Beichtvater »der noch nicht fertig gestalteten Beichte vollends zur Gestalt verhelfen«? Nach *Rogers* sollte der Gesprächspartner, von dem eine Hilfe erwartet wird, seine Aufgabe darin sehen, *Gefühle zurückzuspiegeln,* d.h. die oft undeutlich und mit einem gewissen Widerstand geäußerten Gefühle neu zu formulieren. Wenn der andere im Gespräch meine Gefühle zurückspiegelt – nicht echoartig, sondern mit treffenderen Formulierungen und neuen Sprachbildern –, fällt fast automatisch mein Bedürfnis weg, mich zu verteidigen und zu entschuldigen. Ich fühle mich angenommen in dem Bereich, der für mich bedeutsam ist, und mich eben darum emotional bewegt. So wage ich viel eher, mich meinen Fehlern

[16] *H.-Chr. Piper,* Über die Schwierigkeit, Lasten anderer zu tragen, in: Radius, 22 (1977) 31.

zu stellen und sie auszusprechen. Man ist immer wieder überrascht, wie gut die Menschen ihre Fragen selbst beantworten und selbst eine Lösung finden, wenn man ihren Gefühlen aufmerksam folgt und sie verbalisiert. Das Zurückspiegeln der Gefühle regt den Gesprächspartner dazu an, sein Problem erneut in Worte zu fassen und sich damit auseinanderzusetzen. Auf diese Weise können auch verdrängte Gefühle ins Bewußtsein treten, wodurch der Mensch zu einer tieferen Selbsterkenntnis und zu einem bewußteren Erleben seiner selbst kommt. »Gefühle entstehen in Situationen, in denen die Person in besonderer Weise lebendig ist, eine deutliche Wahrnehmung ihrer selbst und ihres Bezuges zur Umwelt hat, Anziehung und Abstoßung erlebt und zur Handlung gedrängt wird. Hier ist der Punkt, wo der Mensch sich entfaltet, wo es mit ihm weitergeht, hier fallen die Entscheidungen. Partnerzentrierte Gesprächsführung schafft in der Seelsorge die notwendigen Voraussetzungen für echte Entscheidungen, da sie diese Situationen herausarbeitet. Häufig wird dadurch, daß mit den Gefühlen die persönliche Bedeutung des Erfahrenen in das Zentrum der Aufmerksamkeit gerückt wird, nicht nur eine Voraussetzung der Entscheidung geschaffen, sondern überhaupt erst die Notwendigkeit einer solchen deutlich gemacht.«[17]

Sicher muß beim Beichtgespräch auf seiten des Beichtvaters mehr geschehen, als nur Gefühle zu benennen. Er soll auch die Sache selbst erfassen, »jedoch nicht von außen, objektiv, nicht von seinem eigenen Standpunkt aus, sondern subjektiv, vom Partner her, so wie er sie sieht und erlebt« (*Schwermer*). Ich glaube, der Priester reagiert bei der Beichte zu oft nur auf den Inhalt, nicht auf das Gefühl. Damit wird der andere aber leicht zum Objekt, wozu das »Sakrament der Wiederversöhnung« den Menschen gerade nicht machen möchte.

Josephus schien *kein Urteil* über das Gehörte zu haben. »*Selten* nur sprach er eine *Mahnung oder Warnung* aus, *noch seltener* gab er einen *Rat* oder gar einen *Befehl*; es schien dies nicht seines Amtes zu sein ... es war *weder das Richten noch das Vergeben der Schuld seine Sache*.« Für ein gutes Beichtgespräch ist es ganz wesentlich, daß der Priester auf vorschnelle Belehrung, Ermahnung und eigenmächtiges Erteilen von Ratschlägen verzichtet. Das scheint auf den ersten Blick dem Auftrag des Beichtvaters zu widersprechen. Aber wer erreichen will, was Ziel der Beichte ist: daß der Beichtende aus eigener Einsicht die erforderliche Umstellung von fest eingefahrenen Gewohnheiten versucht, Ängste überwindet und neue Einstellungen entwickelt, der muß auf Belehrungen und Ermahnungen zunächst verzichten. Denn durch Belehrungen und Ermahnungen wird leicht der Prozeß einer vertiefenden Selbsterkenntnis und einer darauf gegründeten echten Entscheidung blockiert. Der Ratsuchende weiß gewöhnlich tief in sich selbst

[17] *Schwermer,* Das helfende Gespräch 151.

die Antwort, und vielleicht besser, als sie der Beichtvater geben könnte. Was aber ein Mensch durch sich selber findet, haftet tiefer als alles andere. – Der Beichtvater sollte auch unbedingt auf theologische, dogmatische und moralische Urteile verzichten, denn damit wird dem Beichtkind höchstens auf der rationalen Ebene geholfen. Wenn ich moralisiere und dogmatisiere, behandle ich den anderen als Objekt und stelle mich ihm gegenüber. Er fühlt sich zurückgestoßen und unverstanden. Das Gespräch geht nicht mehr in die Tiefe. »Ich verstehe Sie ja, aber in der Bibel steht, die Kirche sagt, im Kodex steht, der Papst hat kürzlich noch betont ...« Diese Redewendung »Ich verstehe Sie ja« mit dem anschließenden »Aber« ist ein Zeichen des Nichtverstehens. Gerade der Beichtvater steht immer in der Gefahr, vorschnell Werte, Normen und Glaubenssätze zu verteidigen. Er sollte sich öfters das Wort des Apostel Paulus ins Gedächtnis rufen: »Wir wollten ja doch nicht Herren über euren Glauben sein, sondern an eurer Freude mitwirken« (2 Kor 1,24), oder das Wort Jesu: »Ihr aber laßt euch nicht mit ›Rabbi‹ anreden – denn für euch gibt es nur einen Lehrer, untereinander seid ihr alle Brüder. Auch mit ›Meister‹ laßt euch nicht anreden – denn euer Meister ist allein der Messias« (Mt 23,8.10). Besonders der Priester, der etwas Psychologie studiert hat, steht in Gefahr, zu analysieren, zu diagnostizieren und zu interpretieren und dann schnell nach eigenem Urteil einen Rat zu geben. Sogar wenn ich meiner Analyse und Diagnose sicher bin, muß ich im helfenden Gespräch damit sehr zurückhaltend sein. Der Gesprächspartner soll mit meiner Hilfe selbst zur Einsicht kommen. Das erst bedeutet für ihn Befreiung, die das Evangelium will.

Der Verzicht auf Belehrung, Ermahnung und das Erteilen von Ratschlägen scheint dem Verkündigungsauftrag des Priesters zu widersprechen, sagt doch der Apostel Paulus: »Verkündige die Botschaft; sei zur Stelle, ob du gelegen oder ungelegen kommst. Überführe die Leute, rede ihnen ins Gewissen und mahne sie in unendlich geduldiger Belehrung« (2 Tim 4,2). Paulus sagt hier eindeutig, daß der Priester die Leute ermahnen und ihnen ins Gewissen reden soll, wenn auch mit »unendlicher Geduld«. Und beim Beichtgespräch soll der Beichtvater ganz bewußt darauf verzichten? »Auf den ersten Blick scheint es einer partner-zentrierten Gesprächsführung direkt zu widersprechen. Allerdings erkennt man bei näherem Zuschauen, daß gerade diese Art der Gesprächsführung mit ihrer vertiefenden Verbalisierung und ihrer Forderung nach Offenheit den Partner ständig konfrontiert sowohl mit seinen eigenen Erkenntnissen und Aussagen als auch mit den Reaktionen des Seelsorgers.«[18]

Gerade mit dem »Überführe die Leute, rede ihnen ins Gewissen« sollte der Beichtvater sehr vorsichtig sein. Bedenken wir, daß manche, die in eine Schuld verstrickt sind, gar nicht wollen können! Bei diesen Menschen an

[18] *Schwermer,* Das helfende Gespräch 119.

den Willen zu appellieren, kann bewirken, daß sie sich ganz aufgeben. Mit moralischen und religiösen Appellen muß man außerordentlich vorsichtig sein, wenn sie nicht das Gegenteil bewirken sollen. Wir müssen bedenken, daß ein Appell erst dann sinnvoll ist, wenn zuvor Werte und Normen, um die es geht, für den anderen lebendig geworden sind.

Josephus stellte keine Fragen. Indem er schwieg, schien er das Gehörte versenkt und der Vergangenheit übergeben zu haben. Man kann es auch beim Beichtgespräch öfters erleben, daß der Beichtende mit der Bitte kommt: »Bitte, fragen Sie mich!« Wer darauf eingeht, verbaut sich von vornherein die Möglichkeit eines guten Gespräches. Das Beichtgespräch soll Hilfe zur Selbsthilfe bieten. Wenn ich dem Gesprächspartner Fragen stelle, bestimme ich den Gesprächsverlauf. Ich stelle mich ihm gegenüber. Es kommt nicht zur vertiefenden Selbstreflexion. Deshalb sollte man in einem partner-zentrierten Gespräch grundsätzlich keine Fragen stellen und auf Fragen des Gesprächspartners auch nicht unmittelbar Antwort geben. Sollte der Gesprächspartner »im Einzelfall darauf insistieren, die persönliche Meinung des Seelsorgers zu erfahren, dann sollte dieser sich zunächst einmal fragen, ob er nicht durch schlechte Verbalisierung, durch fehlendes Verständnis oder durch innere Ablehnung diese Frage provoziert hat. Die Partner versuchen oft, den Seelsorger auf diese Weise wieder in das Gespräch zurückzuholen. ... Zunächst sollte er jedoch auch hier versuchen, das Erleben des Partners zu reflektieren, statt unmittelbar eine Antwort zu geben: ›Sie zweifeln daran, selbst eine gültige Antwort zu finden‹ ... Ein solches Zurückgeben der Frage führt den Partner in vielen Fällen dazu, sein Problem noch einmal genauer zu formulieren, und damit auch oft dazu, sich selbst die Antwort zu geben.«[19]

Natürlich können manche Schwierigkeiten ihre Ursache auch in fehlender oder mangelnder Information haben. Reine Informationsfragen sollen durchaus beantwortet werden, aber möglichst sachlich und kurz, um nicht vom Eigentlichen abzulenken.

Indem Josephus »mit dem Beichtkind nach seiner Beichte betete, schien er es als *Bruder und seinesgleichen aufzunehmen und anzuerkennen.* Indem er ihn küßte, schien er ihn auf eine *mehr brüderliche als priesterliche,* auf eine *mehr zärtliche als festliche Art* zu segnen.« Den Beichtenden als »Bruder und seinesgleichen aufnehmen und anerkennen«, ist ganz entscheidend für das Beichtgespräch. Das Sakrament ist für den Menschen da und der Beichtvater ist Diener des Evangeliums, nicht des Gesetzes. Daß der Beichtende sich angenommen weiß, durch den Priester angenommen weiß von Gott, das liegt vor aller Norm und ist Voraussetzung für Umkehr. Sobald der Priester nur seine Berufsrolle spielt und sich »mehr priesterlich als brü-

[19] *Schwermer,* Das helfende Gespräch 72.

derlich« und »mehr feierlich als zärtlich« gibt, fühlt sich der Beichtende im letzten nicht angenommen und ernst genommen.
»Jeder Hohepriester, der von Menschen gestellt wird, wird für Menschen von Gott eingesetzt ... Für die Unwissenden und Irrenden vermag er Verständnis aufzubringen, da er auch selbst von Schwachheit nicht frei ist« (Hebr 5,1.2). Erst im Bewußtsein und der Annahme der eigenen Schwachheit kann ich mich in die Schwachheit des anderen einfühlen und ihn »als Bruder und meinesgleichen« annehmen und aufnehmen. Paulus sagt sogar, daß der Priester mit den Weinenden weinen können muß (Röm 12, 15). D. h. nicht, daß er die gleichen Gefühle haben muß, wie der Gesprächspartner, wohl aber, daß er sich ganz in ihn hineinfühlen muß, um so den Menschen von seiner Tat zu unterscheiden. Wenn er in die Gefühle des anderen »hineinrutscht«, kann er nicht mehr helfen. Distanz ist für das helfende Gespräch eine Notwendigkeit.

Das Beichtgespräch wird der »Methode Jesu« eher gerecht

»Die Kirche hat zu oft die Erziehungsmethode Jesu vergessen«, schreibt ein Jugendlicher, rückblickend auf seine religiöse Erziehung. Ich glaube auch, daß die Kirche gerade bei ihrer bisherigen Beichtpraxis z.T. »die Erziehungsmethode Jesu« vergessen hat. Das Beichtgespräch könnte eine Chance sein, dieser »Methode Jesu« wieder gerecht zu werden.
Warum konnte Zachäus in der Gegenwart Jesu sein Leben ändern? Warum die große Sünderin, die Ehebrecherin? Weil nicht das Festnageln auf das Versagen und die Schuld im Vordergrund standen, sondern das vorbehaltlose Angenommensein. Es ist doch eine Tatsache: Wenn ich meine ganze Aufmerksamkeit auf mein Versagen und meine Schuld lenke, komme ich am wenigsten davon los. Das Versagen und die Schuld bleiben dann im Brennpunkt meiner Aufmerksamkeit. Das kann so weit gehen, daß ich mich nur noch als Versager erlebe und aufgebe. Erst wenn ich erlebe, daß ich trotz meines Versagens angenommen und geliebt bin, kann ich mich ändern.
Jesus legt vor den Sündern nicht zuerst dar, warum die Sünde ein Übel ist und gemieden werden muß, um sie dann zur Umkehr aufzurufen. Er läßt die Sünder erfahren, daß Gott ein Gott der Liebe ist, indem er sie vorbehaltlos an- und aufnimmt, zu ihnen geht und ihnen verzeiht. Er baut eine Beziehung zu ihnen auf. Liebe deckt gleichzeitig die Schuld in ihrer ganzen Tiefe auf, aber nicht, um zu richten, sondern um aufzurichten und einen neuen Anfang zu ermöglichen. Indem Jesus erfahrbar macht, wie sehr Gott Liebe ist, führt er die Umkehr herbei. Umkehr ist demnach nicht zuerst eine Leistung des Menschen, auf die Gott durch seine Vergebung antwortet, sondern dankbare Antwort auf die vergebende Liebe Gottes. *Von Weiz-*

säcker schreibt dazu: »Ich möchte versuchen zu sagen, was mich bei diesen Geschichten (Umgang Jesu mit den Sündern) anrührt, was mich ›hier und jetzt‹ betrifft: Das ist einmal das Sich-einstellen auf die Welt des anderen, das Erfassen der Situation, der Bedürfnisse des Gegenübers. Ohne Doktrin, ohne ›Diagnose‹, also ohne Entlarvung geschieht dies. Es ist ein vollkommenes Ernstnehmen. In den Worten kaum ausgedrückt und doch für mich so bewegend spürbar ist da einfach die ganz persönliche Begegnung, das Anschauen und Anerkennen des anderen. Alles spielt sich fast ohne Worte ab, im Erleben liegt das Eigentliche. Etwas von dieser Haltung würde ich mir als Berater, aber auch in jeglichem Umgang wünschen.«[20]
Es fällt auf, daß sich die »Methode Jesu« zum großen Teil mit der Methode des Beichtvaters Josephus und mit den modernen Methoden der Gesprächsführung deckt. Wenn beim »Sakrament der Wiederversöhnung« wirkliche Umkehr, d. h. neue Hinkehr zu Gott und den Menschen geschehen soll, dann müßte sich eigentlich das ganze Bemühen des Beichtvaters darauf richten, dem Beichtenden die vergebende Liebe Gottes erfahrbar zu machen. Denn erst die Erfahrung dessen, wie sehr Gott Liebe ist, führt die Bekehrung herbei, heute genauso wie zur Zeit Jesu. Das aber ist beim Beichtgespräch sicher viel eher möglich als bei der 5-Minuten-Ohrenbeichte im Beichtstuhl.
Sicher ist für das Beichtgespräch nicht entscheidend, daß man die Methoden der Gesprächsführung im einzelnen beherrscht, wie uns das Beispiel des Beichtvaters Josephus zeigt. Methode ist nicht alles! Ein angelernter technischer Vorgang allein genügt nicht! Entscheidend ist, daß ich mit meiner Haltung und Einstellung ganz beim anderen bin, was mir allerdings durch das Beachten bestimmter Regeln auch eher gelingen kann. »Der Beichtvater braucht und soll im Sakrament nicht eigentlich ein Psychotherapeut sein, er hat einen Beichtenden vor sich, der die Vergebung von Gott und der Kirche will und nicht im eigentlichen Sinn psychotherapeutische Ratschläge. Aber so wahr das ist, so ist es eben doch nicht so, daß der Priester eine Absolutionsmaschine sein soll, weil das keinen Sinn und keinen Nutzen hat und dem Wesen des Sakramentes widerspricht, in dem die innere personale Mitwirkung nach der Lehre des heiligen Thomas sogar ein inneres Element des sakramentalen Geschehens selbst und nicht nur seine Vorbedingung ist.«[21]

Pastorale Konsequenzen

Sicher kann mit neuen Riten, mit dem Bau von Beichtzimmern und mit Beichtgesprächen allein keine Neubelebung des Bußsakramentes erreicht werden. Es muß allgemein ein neues Verständnis für Umkehr und Versöh-

[20] *D. von Weizsäcker,* Dem Kleinen nichts überstülpen, in: Radius 23 (1978) 26.
[21] *K. Rahner,* a.a.O. 12.

nung, vor allem für den inneren Zusammenhang von Umkehr und Glaube, geweckt werden. Bei vielen Christen muß dafür zunächst einmal das Gottesbild korrigiert werden: Weg vom richtenden, strafenden Gott, hin zum barmherzigen Vater des verlorenen Sohnes. Die Priester aber müßten ihre Aufgabe noch mehr in einer positiven Verkündigung sehen, das Evangelium wirklich als eine frohmachende, freimachende Botschaft verkünden. Sie müßten den theologischen Ansatz ihrer Seelsorgearbeit auch noch mehr in dem biblischen Satz verankern: »Jeder Hohepriester wird für Menschen eingesetzt. Für die Unwissenden und Irrenden vermag er Verständnis aufzubringen, denn er ist auch selbst von Schwachheit nicht frei« (Hebr 5,2). Oder: »Erweist euch barmherzig, wie euer Vater barmherzig ist« (Lk 6,36). Wenn der Priester sich gleichzeitig noch darum bemüht, wirklich Gesprächspartner zu sein, glaube ich, bietet das Beichtgespräch eine gute Möglichkeit, das Bußsakrament neu zu beleben, wobei die anderen Formen der Buße und Umkehr nicht herabgemindert werden sollen.

»Insgesamt kommt es darauf an, solche Formen der Umkehr zu entwickeln und zu fördern, die vor allem die Erneuerung betonen, die Öffnung für Gott und die Menschen, die nötige Befreiung aus der Ich-Verhaftung, die man selbst nicht bewirken kann, und die nötige Vertiefung des Glaubens und der Liebe ... Dringend notwendig ist eine bessere Ausbildung der Priester für die Verwaltung dieses Sakramentes ... eine Ausbildung, bei der es weder um amateurhafte Psychotherapie noch um juristische Kasuistik geht, sondern um die Fähigkeit zum brüderlichen Annehmen, Mittragen und Aufarbeiten der Konflikte und um die Fähigkeit, den Prozeß der inneren Befreiung von falschen Verfestigungen zu fördern.«[22]

3. Pastorale Hinweise zum Beichtgespräch

(Konrad Baumgartner)

Erwartungen an das Beichtgespräch

Bereits die Umfrage zur bundesdeutschen Synode hat gezeigt: ein hoher Anteil der katholischen Christen stimmt dem Vorschlag zu, daß »die Beichte mehr als bisher zu einem persönlichen Gespräch zwischen dem Priester und dem Beichtenden werden sollte«. Fast die Hälfte aller befrag-

[22] *Exeler,* a.a.O. 33–35.

ten Katholiken (47 Prozent) ist dieser Meinung, und zwar durchgehend in allen Altersstufen (selbst die 60–70jährigen und die über 71jährigen bejahen mit 50 Prozent bzw. 47 Prozent diese Aussage) und quer durch alle Bildungsschichten (mit Volksschulabschluß 43 Prozent, mit Hochschulabschluß 68 Prozent)[1]. Auch die befragten Welt- und Ordenspriester sowie die Priesteramtskandidaten sprechen sich, je jünger desto mehr (von 34 Prozent bis 83 Prozent, insgesamt mit 54 Prozent), dafür aus, daß »das Beichtgespräch angeregt und entwickelt werden sollte«[2]. In der von mir durchgeführten Umfrage äußerten viele Mitchristen aus allen Altersstufen und Bildungsschichten konkret ihre Erwartungen zum Beichtgespräch als einem zentralen Beitrag zur Erneuerung der Bußpraxis. Zusammen mit den Antworten auf die Frage nach der wichtigsten Aufgabe des Priesters bei der Spendung des Bußsakramentes ergeben diese Aussagen[3] folgendes Bild von der Erwartungshaltung der Gläubigen.

Es lassen sich unter ihnen, der Erwartung, aber (noch) nicht dem faktischen Verhalten nach, zwei in etwa gleich große Gruppen unterscheiden. Die eine wünscht für sich die Spendung des Versöhnungs-Sakramentes in streng liturgischer Form, sie möchte ein kurzes, eher unpersönlich gehaltenes Sünden- und Schuldbekenntnis ablegen, erwartet einen prägnanten, theologisch fundierten und aszetisch hilfreichen Zuspruch, aber keine unmittelbare Beratung oder Hilfe im seelsorgerlichen Gespräch; ja sie lehnt das Beichtgespräch »für den Normalfall« und für sich selbst ab. Bei ihr steht das »opus operatum« des Sakraments im Vordergrund, auf seiten des Empfängers und des Spenders – mit der möglichen Gefahr eines mehr oder weniger starken Sakramentalismus. Ihr Priesterbild ist eher vertikal ausgerichtet: man sieht in ihm den »Mann Gottes«, der im Namen Gottes und im Auftrag der Kirche die Sünden vergibt.

Die andere Gruppe – und um sie geht es in diesem Zusammenhang – ist mehr horizontal orientiert: in ihrem Priesterbild als »Diener der Menschen« und brüderlicher Partner wie in ihrer Erwartung gegenüber der Spendung des Bußsakramentes in Form eines Gesprächs. Ihre Anliegen sehen diese Mitchristen neben und zum Bekenntnis-/Lossprechungsakt der Beichte im Aussprechen von Lebens- und Glaubensproblemen; darin und im Durcharbeiten ihres Bekenntnisses zusammen mit dem Priester erkennen sie den Wert des Beichtgesprächs. Beichte als beratendes, helfendes und vergebendes Gespräch in einem, das ist die hohe, oft auch zu hohe Erwartung dieser Gruppe.

[1] *G. Schmidtchen,* Zwischen Kirche und Gesellschaft. Freiburg – Basel – Wien 1972, 150 und 251.

[2] *ders.,* Umfrage unter Priesteramtskandidaten. Freiburg – Basel – Wien 1975, 94.

[3] Vgl. *K. Baumgartner,* Erfahrungen mit dem Bußsakrament I. München 1978, 288–310 und 234–249.

Wer das Beichtgespräch wünscht[4] oder pflegt, sucht den persönlichen Kontakt mit einem Geistlichen; er erhofft sich mehr Zeit, er möchte »sich aussprechen« in einer möglichst freien, ungezwungenen Atmosphäre und in »normaler« Umgebung (wobei für manchen allein schon eine Sitzmöglichkeit im Beichtstuhl gesprächsauslösend sein kann); er möchte seine Fehler und Sünden im Zusammenhang seines Lebens und seiner Umwelt verstehen, aber auch die tiefere Bedeutung der Gebote Gottes und der Kirche erfassen und zu sittlich verantwortlichem Handeln in echter Gewissensentscheidung kommen. Neben der gewünschten Lebens- und Glaubenshilfe erhofft und braucht der einzelne Beichtende oft auch eine Hilfe bei der Gewissenserforschung, beim Bekenntnis, in der Erweckung von Reue und Bußgesinnung oder auch bei der Suche nach sinnvollen Bußwerken.
Viele dieser Erwartungen haben sich aus einer als negativ und behindernd erlebten Beichtpraxis ergeben: aus dem »Routine-Verfahren«, dem Automatismus und der anonymen Behandlung in Beichtsituationen oder auch aus dem Leiden am (Kinder-)Beichtspiegel oder in existentiell bedeutsamen Lebenssituationen. Im Beichtgespräch wollen diese suchenden und fragenden Christen nun zu einem tieferen, verantwortungsbewußteren Leben aus dem Glauben kommen. Deshalb sind sie bereit, aus sich herauszugehen, sich – oft umfassend und vorbehaltlos – anzuvertrauen, öfter oder auch regelmäßig wiederzukommen und so Wege der Nachfolge Jesu in geistlicher Begleitung[5] zu gehen.

Theorie und Praxis der neuen Feier der Versöhnung

Daß dieser Wunsch nach offener Aussprache, nach mitmenschlichem Verstehen und geistlicher Förderung nicht bloß bei jungen kritischen Christen oder sprachgewandten Akademikern vorhanden ist, dafür gibt neben der genannten Statistik das im ersten Teil dieses Buches abgedruckte Interview mit dem Rentner ein beredtes Zeugnis. Eindrucksvoll belegt diese Tatsache auch die folgende Erzählung: »Eines samstags nachmittags stand ich (ein Franziskanerpater) während einer Pause an der Tür der Beichtkapelle in Saint Séverin. Eine zur Pfarrei gehörige alte Frau kam auf mich zu und fragte, wo der Beichtstuhl sei. Ich erklärte ihr, daß ein Priester vorn in der Kirche ›im Kasten‹ säße. Auf ihre Frage, was *ich* tue, gab ich ihr eine Beschrei-

[4] Im Anschluß an *H. Rattke,* Das helfende Gespräch, Freiburg 1969, nennt *Th. Schwaiger,* Das vergebende Gespräch. München 1981, 48f pastoralpsychologisch wichtige Grundbedürfnisse des Menschen, der in ein vergebendes Gespräch eintritt.

[5] Zur »Figur des Umkehr-Begleiters« vgl. *P. M. Zulehner,* Umkehr: Prinzip und Verwirklichung. Frankfurt 1980, 200–209. – Er macht deutlich, daß es dabei nicht ausschließlich um den Priester geht. Vgl. *H. Bacht,* Erneuerung durch Rückkehr zu den Ursprüngen, in: *K. Baumgartner* (Hrsg.), Erfahrungen mit dem Bußsakrament II. München 1979, 177–182.

bung der Beichte, etwa so, wie sie jetzt im neuen Ordo zu finden ist, unterstellte aber, daß sie wohl lieber in den gewöhnlichen Beichtstuhl gehen wollte. ›Kommen Sie, junger Mann‹, sagte die Frau, ›auf diese Art von Beichte habe ich 50 Jahre gewartet!‹«[6]

In der Tat eröffnet der neue Ordo in seinem theologischen Ansatz und in seinen Vollzugsformen gerade für das Beichtgespräch gute Möglichkeiten. Vor allem die zu den bekannten Verhaltensanalogien des Priesters im Bußsakrament (er soll handeln wie ein Vater, ein Arzt, ein Lehrer, ein Richter) hinzukommende Figur des »Bruders« vermag die geistliche und menschlich-partnerschaftliche Begleitung im Gespräch auszudrücken[7].

Die Gründe dafür, daß trotz des offenbar weit verbreiteten Wunsches nach Beichtgesprächen die tatsächliche Praxis relativ bescheiden ist, sind vielfältig. Grundsätzlich gilt natürlich auch hier die aus der Marktforschung bekannte Tatsache einer erheblichen Differenz zwischen Bedürfnisäußerung und Inanspruchnahme eines Angebotes. Sicher besteht aber auch das Problem der immer noch vorhandenen oder von den Gläubigen vermuteten mangelnden geistlichen und gesprächspsychologischen Kompetenz der Priester: sowohl in der Ausbildung wie in der Fortbildung geschieht in beiderlei Hinsicht noch viel zu wenig. Denn »der entscheidende Schlüssel liegt in der Persönlichkeit des Beichtvaters«[8], in seiner menschlichen und geistlichen Ausstrahlung und in der Fähigkeit, Licht und Kraft des Evangeliums mitzuteilen, »Mystagoge jener letzten religiösen Erfahrung von innen her, Gottes und seiner Gnade in der Welt von heute« (*K. Rahner*) zu sein. Diese Spiritualität des Seelsorgers, seine geistliche Echtheit bedarf der steten Beschäftigung mit der Heiligen Schrift, der Meditation und des persönlichen Gebetes, auch vor der Spendung des Bußsakramentes bzw. vor dem Beginn des Seelsorge- oder Beichtgesprächs. Insbesondere wird seine eigene innere Einstellung zum Bußsakrament und zum Gesamt christlicher Buße die entscheidende Rolle spielen. Solche geistlichen Qualitäten des Priesters können mit Schulung und Ausbildung nicht erreicht oder gar durch sie ersetzt, wohl aber entfaltet und vertieft werden. Zu Recht machen die deutschen Bischöfe darauf aufmerksam, daß »nicht nur die Gläubigen es lernen

[6] *R.A. Duffy,* Die Feier der Buße und ein therapeutisches Modell, in: Theologie der Gegenwart 19 (1974) 197. – Duffy hat als erster Vergleiche gezogen zwischen dem Verhalten bei der Spendung des Bußsakramentes und der klientenzentrierten Psychotherapie von *C. Rogers.*

[7] Vgl. die »Pastorale Einführung« (Nr. 6b und c; 10a, b, c, d; 11; 15; 18) sowie das Kapitel 1 (Nr. 41; 42; 44–46) des Ordo paenitentiae. Vor allem der Grundsatz »Der Priester achte darauf, sich in allem auf den Beichtenden einzustellen, sei es in der Art zu sprechen, sei es in den Ratschlägen, die er erteilt« (44), ist von entscheidender Bedeutung.

[8] *G. Griesl,* Das Beichtgespräch und seine therapeutische Wirkung, in: Lebendige Seelsorge 30 (1979) 358–361. – *Griesl* meint, es bräuchte »über die sorgsame Betreuung der pfarrlichen ›Einzelfallhilfe‹ hinaus in jeder kirchlichen Region eine Gruppe von eigens qualifizierten Fachseelsorgern« – eine Aufgabe, die sich m. E. Ordensgemeinschaften oder die Wallfahrtspastoral zu eigen machen könnten.

müssen, die engen Grenzen eines gewohnten Schemas zu überwinden; der Beichtvater muß es ebenfalls lernen. Ein persönliches Bekenntnis und ein weiterführendes Gespräch verlangen nicht nur vom Pönitenten große Offenheit, sondern erst recht auch vom Beichtvater die Bereitschaft und Fähigkeit, dem anderen geduldig und liebevoll zuzuhören, sich in ihn hineinzudenken und auf ihn einzugehen«[9].
Natürlich hängt die Frage der Inanspruchnahme eines Beichtgesprächs auch von der Lebenssituation der Gläubigen oder von besonderen pastoralen »Konstellationen« ab, von der Sprachfähigkeit oder dem geistlichen Lebensstil des einzelnen. Weithin fehlt aber ein eindeutiges Angebot in der Pastoral: Beichtzimmer im Zusammenhang des Kirchenraumes und eigene feste Gesprächszeiten (nicht: »jederzeit« oder »nach Anmeldung im Pfarrbüro«) sind immer noch Ausnahmen in der heutigen Bußpraxis[10].

Probleme des Beichtgesprächs

Darüber hinaus birgt das Beichtgespräch verschiedene theologische, psychologische und pastorale Probleme in sich. Allein schon die Phänomene von Übertragung und Gegenübertragung im Bereich der Gefühle (wie Ärger, Zorn, Abneigung, Anerkennung, Zärtlichkeit und Liebesbedürfigkeit) setzen wenigstens gewisse psychoanalytische Grundkenntnisse bei den Priestern voraus, mehr noch die Möglichkeit, seine Selbst- und Fremdbeobachtungen in Einzel- oder Gruppensupervision[11] überprüfen zu können; zuweilen hilft auch – wo dies möglich ist – ein bewußtes Zur-Sprache-Bringen der jeweiligen Gefühle nach dem Beichtgespräch zwischen Priester und Beichtendem. Nur zu leicht besteht für den Priester die Versuchung, eigene ungestillte Wünsche und Sehnsüchte einlösen zu wollen unter dem Deckmantel der Hilfe (»Herrschen durch Helfen«; geistliches Gängelband). Der Beichtende gerät dann in äußere und innere Abhängigkeit, er wird Objekt und begibt sich der eigenen Verantwortung. Wie oben *Pius Schmidt* aufgezeigt hat, ist eben das nicht das Ziel der geistlichen Führung[12].

[9] Der Priester im Dienst der Versöhnung. Bonn 1977, 8.

[10] Vorschläge von seiten der Gläubigen: Ein Raum innerhalb des Pfarrzentrums; Privaträume eignen sich nicht als »ausgeschriebenes Angebot«, evtl. Sakristei (man möchte hinterher noch in der Kirche beten; auch der kirchliche Öffentlichkeitscharakter des Bußsakramentes legt dies nahe). – *Th. Schwaiger,* Das vergebende Gespräch, München 1981, macht einen Gestaltungsvorschlag für die Einrichtung eines Beicht-Sprechzimmers (S. 53).

[11] Vgl. *C.M. Merkel,* Aspekte der interpersonalen Dynamik der Beichte. Überlegungen aus der Sicht der Pastoralpsychologie, in: *K. Baumgartner,* Erfahrungen II, 370–408 (»Die für den angehenden Psychoanalytiker entscheidende ... Lehranalyse ... hat im Bereich der Beichtseelsorge leider noch keine entsprechende Form gefunden«, 392).

[12] Vgl. auch *J. Garcia-Monge,* Das geistliche Gespräch und die Therapie, in: Conc 10 (1974) 646–651 (»Aufgabe des geistlichen Gesprächs ist es, die Kommunikation des Menschen mit seinem Erleben zu erleichtern, um dieses im Glauben neu zu interpretieren«, 648).

Ein anderes Problem ist die Spannung zwischen Therapie und Sakrament, auch auf der Ebene der Erwartungen des Beichtenden hinsichtlich Beratung und Lebenshilfe, die oft mehr im Vordergrund stehen als das Bedürfnis nach Bekenntnis und Lossprechung von Schuld. Vielleicht steht hinter dieser Einstellung tatsächlich die Situation des modernen Menschen, der sich nicht so sehr schuldig als vielmehr krank fühlt [13]. Und so bringt er auch in das Beichtgespräch vorrangig oder zunächst oder mindestens ihm gleich wichtig Lebensprobleme ein, die ihn ängstigen, besorgt oder ratlos oder mutlos machen. Damit tritt die Situation »coram deo«, das Bewußtsein und das Bekenntnis von Schuld und Sünde, in den Hintergrund, die therapeutisch-poimenische Dimension des Bußsakramentes wird überstark – unter Umständen zu Lasten der sakramentalen Begegnung mit Gott, außer es gelingt, daß diese Probleme, die oft Schuldprobleme in sich bergen, bewältigt werden und dann der Blick auf Gott frei wird [14]. Sonst besteht die Gefahr, daß die therapeutische und sakramentale Dimension gegeneinander stehen und das Sakrament »im Gespräch allein« gesehen wird ohne den heilsstiftenden ekklesialen und christologischen Bezug [15]. Dann kann es geschehen, daß bei Nichterfüllung ihrer einseitigen Erwartungen Gläubige sich enttäuscht auch vom Beichtgespräch abwenden [16].

Für die unmittelbare Praxis des Beichtgesprächs ist auch das Verhältnis von Gespräch und Liturgie bedeutsam. »Beichte ist nicht Liturgie, sondern Seelsorge«, schrieb vor Jahren *Josef Bommer*; eine »Kon-Zelebration« der Versöhnung nennt *Regis A. Duffy* die neue Feier der Buße [17]. Zwischen diese Extrempositionen möchte ich zwei Thesen stellen: Die gesprächs-orientierte Form des Bußsakramentes muß Liturgie-Nähe behalten; die ritus-orientierte Form sollte personalisiert werden. Da es im Beichtgespräch nicht einfach um eine therapeutische Zweier-Beziehung geht, sondern um ein gemeinsames Offenwerden für Gott (Horizontale *und* Vertikale) im Zusammenhang der christlichen Gemeinde (soziale Dimension), ist wenigstens für den engeren sakramentalen Vorgang Liturgie-Nähe zu postulieren (wenn möglich Stola, gemeinsames Stehen vor dem

[13] Vgl. *G. Bally,* Seelsorge und Psychotherapie, in: *V. Läpple – J. Scharfenberg* (Hrsg.), Psychotherapie und Seelsorge. Darmstadt 1977, 320.

[14] Natürlich geht es nicht an, den sakramentalen Vollzug nur in der rituellen Passage Bekenntnis-Lossprechung zu sehen und die übrigen Gesprächspassagen als Vorfeld. »Das Bußsakrament geht zugrunde, wenn es nicht aus der Engführung von Bekenntnis und Lossprechung herausgeführt wird« (*Zulehner,* Umkehr 203).

[15] In diese Richtung weist evangelischerseits *D. Stollberg,* Mein Auftrag – deine Freiheit. Thesen zur Seelsorge. München 1972. – Theologisch wäre hier die Besinnung hilfreich auf den Zusammenhang von Entfremdung des Menschen und Versöhnung (mit Gott, mit den Mitmenschen, mit sich).

[16] Vgl. *H.B. Meyer,* Zur Beichte gehen – aber nicht mit falschen Voraussetzungen, in: Passauer Bistumsblatt 46 (1981) Nr. 13, S. 3.

[17] *J. Bommer,* Befreiung von Schuld. Gedanken zu einer neuen Buß- und Beichtpraxis. Zürich – Einsiedeln – Köln 1976, 102. – *Duffy* a.a.O. 197.

Kreuz, brennende Kerze als Symbol, Schrifttext, gemeinsames oder freiformuliertes Gebet zu Beginn des Gesprächs und vor der Lossprechung, eventuell Handauflegung[18]).

Bei Mitchristen, welche die mehr ritus-orientierte Form des Sakramentes für sich wünschen, ist eine Personalisierung angebracht und möglich. Dies ist besonders für den Zuspruch wichtig. Er sollte drei Teile haben: Im ersten wird die konkrete, aus dem Bekenntnis und den Umständen erkannte Situation einfühlend angesprochen; ggf. werden die Gefühle (Angst, Unsicherheit, guter Wille) zur Sprache gebracht, womit die Annahme-Bereitschaft von seiten des Priesters dem Beichtenden deutlich wird. Dann sollte eine theologische Kurzbesinnung als zweiter Teil folgen: über das Wesen von Buße, Umkehr, Bußsakrament, ein hilfreiches Schriftwort, ein Hinweis auf die Kirchenjahreszeit oder auf das Festgeheimnis – Vorsicht mit einer »Kurzpredigt zum kommenden oder vergangenen Sonntag«, sie kann stereotyp wirken! Jeder Seelsorger sollte für sich einen Grundbestand solcher bußtheologischer Gedanken haben und vor allem durch Meditation sich immer neu erwerben (keine »geistlichen Schallplatten«)[19]. Damit wird beim Beichtenden der Eindruck des anonymen, unpersönlichen und automatischen Vollzugs gemindert. In einem dritten Teil des Zuspruchs sollte der Priester wieder persönlich-konkret sprechen: in beratenden und helfenden Überlegungen, mit Vorschlägen (!), die zur Situation passen, mit gemeinsamen Überlegungen für das Bußwerk und, nicht zu vergessen: der Möglichkeit für den Beichtenden, noch weitere Fragen zu stellen oder Probleme zu äußern (»Haben Sie sonst noch etwas auf dem Herzen?«). Auch die abschließenden Worte der Entlassung und der »gemeinsame Lobpreis des Erbarmens Gottes« (OP Nr. 47) können wieder persönlich gestaltet werden. Durch solche personalisierenden Momente gibt die Spendung des Bußsakramentes einer »situativen, personspezifischen Verkündigung«[20] Raum und Bedeutung.

Ansätze für die Praxis des Beichtgesprächs

Wir haben eingangs schon die Differenz benannt zwischen dem Wunsch von vielen Gläubigen nach dem Beichtgespräch und der eher gering zu nennenden bisherigen Praxis dieser Form des Bußsakraments. Ansätze für eine neue Praxis zeigen sich heute schon in der Kinder- und Jugendpastoral. Be-

[18] Vgl. *B. Kleinheyer,* Handauflegung zur Geistmitteilung oder: der Geist weht, wo die Kirche feiert, in: LJ 30 (1980) 154–173, bes. 163.

[19] Vgl. die Anregungen für das Beichtgespräch von *H. Engel,* in: Hilfen zur Arbeit mit der neuen Bußordnung, hrsg. vom Sekretariat der Deutschen Bischofskonferenz. Köln 1975, 78–94.

[20] Dazu *P. Wehrle,* Das Bußsakrament unter dem Aspekt der Verkündigung, in: *Baumgartner,* Erfahrungen II, 409–431.

reits im Zusammenhang der Buß- und Beichterziehung von Kindern gibt es beachtliche Versuche, in alters- und situationsgerechter Weise Beichtgespräche zu führen. Dabei erleben Kinder – oft überraschend und für sie von zu Hause kaum gewohnt –, daß man nicht nur über Sachbereiche wie Fußball oder Fernsehen reden kann und muß, sondern über innere Erlebnisse. »Das ist für die Kinder etwas ganz Neues. Da sitzen sie auf dem Stuhl, dürfen plötzlich reden und werden ernst genommen.«[21] Als Schritte eines solchen kindgemäßen Beichtgesprächs[22] empfehlen sich:
Gespräch mit dem Kind über sein Leben (Wie geht es dir? Was freut/bedrückt dich? Hast du Fragen, die dich besonders bewegen? Bei welchen Ereignissen kamst du nicht zurecht mit deinen Eltern, Geschwistern, Freunden ...? Fühlst du dich ungerecht behandelt?)
Gespräch mit dem Kind über seinen Glauben an Gottes Vergebung (Glaubst du, daß Gott dich lieb hat? Glaubst du, daß Gott dir verzeiht?)
Gespräch mit dem Kind über seine Schuld (Was ist dir in deinem Verhalten aufgefallen, was nicht in Ordnung ist? Was mußt du besser machen? Was nimmst du dir als Haupt-Vorsatz – als Bußwerk vor?)
Die Idee, die Szene Lk 15,20–23 pantomimisch nachzuspielen (mit dem symbolischen Anstecken eines Versöhnungsringes durch den Priester)[23] mag ein Beispiel sein für neue Versuche der Symbolisierung heute.
Eine weitere wichtige Gelegenheit für das Beichtgespräch bietet die Firmkatechese. Gerade in diesem Alter und im Zusammenhang der Vorbereitung auf die Firmung in der Gemeinde könnte über das Beichtgespräch »den Jugendlichen zu einem positiven Erleben von Selbstbesinnung, ehrlicher Umkehr und Vergebung verholfen werden. Sie sollten ganz einfach die Möglichkeit kennenlernen, sich helfen zu lassen. Eine Erfahrung, die vor allem auch für das spätere Leben wichtig ist[24].« Seinen zentralen Ort hat das Beichtgespräch wie eh und je in der Jugendpastoral: bei Einkehr- und Besinnungstagen oder in Exerzitien. In späteren Jahren sind es meist »Wenden des Lebens«, Aufbrüche oder Krisen des Lebens, welche das Beichtgespräch begünstigen oder als Glaubenserfahrung besonderer Art oft unvergessen machen.

[21] Stellungnahme eines Pfarrers zu Problemen des Bußsakramentes, in: *E. Feifel* (Hrsg.), Buße – Bußsakrament – Bußpraxis. München 1975, 113.

[22] Überlegungen zum Beichtgespräch, in: *H. Tölg* (Hrsg.), Katechese in der Gemeinde: Hinführung der Kinder zum Bußsakrament. Frankfurt 1979, 74–76. Dort finden sich auch zwei bedenkenswerte Vorschläge für kindgemäße Lossprechungsformeln. – Ein katechetisches »Bußgespräch« mit Kindern regen auch an *B. Bock u. a.* in: Buße. Ermutigung zum Leben. Bußerziehung in Familie, Gemeinde und Schule. Kevelaer 1979, 93 f.

[23] *Tölg* 83 f.

[24] *Th. Zehetmaier,* Ein Leben mit Gott ist meine Freude, in: *J. Finkenzeller – J. Binder* (Hrsg.), Bußfeier mit Kindern und Jugendlichen. München – Luzern 1975, 74–77. – Vgl. auch *Schwaiger,* Das vergebende Gespräch 67, 76–79.

Das Beichtgespräch kann, so gesehen, zu einem Testfall der personalen Seelsorge werden: »Wenn irgendwo, dann zeigt sich im Beichtgespräch, ob der Pfarrer etwas von der geduldigen, wachen Liebe weiß, die Christus von uns fordert.«[25]

4. Literaturhinweise (in Auswahl)

K. Baumgartner, Erfahrungen mit dem Bußsakrament. Band 1: Berichte – Analysen – Probleme. München 1978.

ders. (Hrsg.), Erfahrungen mit dem Bußsakrament. Band 2: Theologische Beiträge zu Einzelfragen. München 1979.

J. Blattner, Beichte als Entscheidung. Pastoralpsychologische Thesen und Gedanken zur therapeutischen Funktion des Beichtgesprächs, in: Anzeiger für die katholische Geistlichkeit 87 (1978).

J. Bommer, Befreiung von Schuld. Zürich 1976.

ders., Versöhnung als Befreiung. Arbeitsmaterialien zur Buß- und Beichtpraxis. Zürich 1980.

H. Engel, Anregungen für das Beichtgespräch, in: Hilfen zur Arbeit mit der neuen Bußordnung. Köln 1975.

E. Feifel (Hrsg.), Buße – Bußsakrament – Bußpraxis. München 1975.

J. Goldbrunner, Sprechzimmer und Beichtstuhl. Freiburg 1965.

G. Griesl, Das Beichtgespräch und seine therapeutische Wirkung, in: Lebendige Seelsorge 30 (1979) 358–361.

D. Grothues, Schuld und Vergebung. Zeitgemäße Überlegungen zur Buße und Beichte. München 1972.

Th. Schwaiger, Das vergebende Gespräch. Grundlagen und Praxis des Beichtgesprächs. München 1981.

P. M. Zulehner, Umkehr: Prinzip und Verwirklichung. Frankfurt/Main 1979.

[25] *H. Faber – E. van der Schoot,* Praktikum des seelsorgerlichen Gesprächs. Göttingen ^{3}1971, 146.

DER SEELSORGER IM GLAUBENSGESPRÄCH MIT JUNGEN ERWACHSENEN

1. Erfahrungen von Seelsorgern

(Joseph Pfeiffer)

Die älteren Mitbrüder berichten

Wie wurden früher in der kirchlichen Jugendarbeit Glaubensstunden gehalten, Schriftgespräche, Lebendiges Evangelium, Gespräche mit einzelnen Jugendlichen?

In der Zeit des Nationalsozialismus waren die kirchlichen Vereine verboten. Die Jugendarbeit, soweit sie überhaupt möglich war, wurde auf kircheneigene Räume eingegrenzt und konzentrierte sich in der Hauptsache auf Glaubensunterweisung.
Nach dem Zusammenbruch des Dritten Reiches konnten sich die kirchlichen Verbände und die kirchliche Jugendarbeit wieder frei entfalten. Zunächst galt es, die Schäden der nationalsozialistischen Zeit zu beheben und die Lücken im Glaubenswissen zu schließen. So wurde in den Glaubensstunden, die in vielen Pfarreien monatlich stattfanden, die katholische Glaubenslehre systematisch dargelegt, meist in Form eines Vortrages, an den sich eine Aussprache anschloß. »Predigt mit Aussprache«, nannte es ein Gesprächsteilnehmer. Und ein anderer erinnerte sich: »Das ›Hinsagen‹ war häufiger als das ›Hin- und Hersagen‹«. Die Hauptstelle des BDKJ und die Bischöflichen Jugendämter stellten Jahr für Jahr ein Bildungsprogramm auf und lieferten dazu entsprechendes Material. Selbstverständlich blieb auch Raum für die Behandlung aktueller Fragen. Auch die Geselligkeit kam nicht zu kurz. Das Vereinstheater feierte Urständ und das Laienspiel war ein fester Bestandteil kirchlicher Jugendarbeit.
In der Kirchenverfolgung im Dritten Reich hatte das Bekenntnis des Glaubens einen hohen Stellenwert. An diese Erfahrung anknüpfend wurden in der Nachkriegszeit der jährliche Bekenntnistag der Jugend am Dreifaltigkeitssonntag sowie die Jugendbettage an Mariä Lichtmeß und am Fest des Erzengels Michael mit Gemeinschaftskommunion und Feierstunden festlich begangen.
Als Initiator der kirchlichen Jugendarbeit fungierte zumeist der Priester. Er war der eigentliche Jugendführer. Ohne ihn »ging nichts«. Er war im Kreis der Jugendlichen nicht nur in der Glaubensstunde, sondern auch in der

Gruppenstunde, die mehr mit Spiel, Lied usw. bestritten wurde. Allerdings setzte sich bald nach 1945 immer mehr die Einsicht durch, daß in der kirchlichen Jugendarbeit die Mitwirkung von Laien notwendig ist. Der Jungführer und die Jungführerin wurden aus den Reihen der 18- bis 20jährigen herangebildet. Als Runde der Treuen waren sie mit dem Priester das Rückgrat kirchlicher Jugendarbeit.

Die jüngeren Mitbrüder berichten

Welche Formen der Glaubensweckung und -vertiefung werden heute geübt?

Der junge Erwachsene heute ist ein Fragender, ein Suchender. Vor allem, wenn er an die Grenzen seiner und des Menschen Existenz stößt, z.B. bei einem Todesfall, bei der Verstrickung in Schuld, tauchen letzte Fragen auf: Was ist der Mensch? Was ist der Sinn des Leidens, des Bösen, des Todes? Der junge Mensch, der alles andere im Kopf zu haben scheint, nur nicht Gott, offenbart plötzlich sein religiöses Interesse. Freilich ist Religiosität nicht gleichbedeutend mit Kirchlichkeit.
Im Priester sucht der junge Erwachsene zunächst den Partner. Diesen zu finden, gelingt ihm leichter, wenn der Priester vom Alter her ihm möglichst nahesteht. Das Fehlen der jungen Kapläne wirkt sich auch deshalb in der kirchlichen Jugendarbeit ungünstig aus.
Jugend will heute den Glauben auf ihre Art erfahren und leben. Sie ist gerne bereit, einen Gottesdienst vorzubereiten, mitzugestalten, vor allem, wenn sie rhythmische Lieder einbauen und die Eucharistie im kleinen Kreis mitfeiern kann. Das Wallfahren ist wieder »in« und Meditation ist das neue Wort für die alte Betrachtung geworden, freilich in neuen Formen. Am meisten beliebt ist die Bildmeditation. Gerne machen junge Menschen auch bei einem Rollenspiel mit. Hier können sie sich besser ausdrücken als im bloßen Wort, wenngleich die Diskussion zuweilen mehr gefordert wird als die Information. Das Glaubensgespräch entwickelt sich nicht selten spontan am Rande einer Party, beim Frühschoppen, am Lagerfeuer, auf einer Wanderung.
Eine besondere Gesprächsbereitschaft entsteht in der Atmosphäre eines Besinnungs- oder Einkehrtages. Die Gemeinschaft Gleichgesinnter einerseits und doch eine gewisse Anonymität andererseits lösen die Zunge leichter als die Situation in der Gruppe daheim, wo jeder jeden kennt und Gefahr läuft, daß seine Probleme zum Dorfgespräch werden. Überdies setzt ein Glaubensgespräch eine gewisse äußere und innere Sammlung voraus. Diese gelingt dort, wo man einen oder mehrere Tage vor sich hat, besser, als wenn man nach einem Arbeitstag müde und abgespannt für eine kurze Zeit zusammenkommt.

Hintergründe für die veränderte Situation in der kirchlichen Jugendarbeit

Der junge Mensch von heute steht unter einem gewissen Leistungsdruck in der Schule und im Erwerbsleben. Dadurch fehlen ihm nicht selten Zeit und Kraft, sich in der kirchlichen Jugendarbeit zu engagieren.
Überdies ist das Freizeitangebot so umfangreich und vielfältig, daß eine Auswahl notwendig wird. Allzuoft zieht dabei die kirchliche Jugendarbeit, insbesondere wenn sie den jungen Menschen fordert, den kürzeren. Das sportliche Training z.B. zählt mehr als eine Glaubensstunde.
Zuweilen sind die Erwartungen und Ansprüche an die Kirche so überzogen, daß sie nicht erfüllt werden können. Für die Jugend aber ist es ein Grund, den kirchlichen Veranstaltungen fernzubleiben.
Dank der großen Mobilität hat sich der Lebensraum des heutigen Menschen gegenüber früher erheblich ausgeweitet. Nachdem nicht nur die Industriearbeiter, sondern auch die Schüler vielfach Pendler geworden sind, gehen wertvolle Kontakte zwischen Kirche und Jugend namentlich in den Dörfern verloren und damit auch gute Ansatzpunkte für die kirchliche Jugendarbeit.
Es liegt durchaus im Sinne der »Menschwerdung«, daß der Jugendliche mit zunehmendem Alter immer selbständiger wird. Wenn der berechtigte Freiheitsdrang jedoch zur Bindungslosigkeit und Willkür ausartet, führt er dazu, daß auch die Einordnung in eine Gruppe und in einen Verband abgelehnt wird.
Der Glaube ist, wenn er es überhaupt je gewesen sein sollte, heute für viele nicht mehr selbstverständlich. Er wird kritisch hinterfragt. Dies wird von manchen Erziehern negativ gewertet, so daß sie entweder autoritär auftreten oder sich ängstlich zurückziehen. In Wirklichkeit bräuchten junge Menschen auch heute wie eh und je verständnisvolle Helfer.

Rollenspiel

Fünf junge Erwachsene zwischen 16 und 19 Jahren sind in der Leiterrunde mit dem Priester zusammen. Vor zwei Tagen ist ein 17jähriges Mädchen aus der Stadt durch eine Überdosis Rauschgift ums Leben gekommen. Alle sind betroffen ... warum?
Der Priester versucht über die auftauchenden Fragen mit den jungen Menschen ins Gespräch zu kommen ...

2. Glaubenskommunikation mit jungen Erwachsenen[1]

(Konrad Baumgartner)

Hinweise zur Situation und ihren Hintergründen

Die Veränderungen in Theorie und Praxis kirchlicher Jugendarbeit haben, wie es scheint, das Glaubensgespräch mit jungen Erwachsenen bewußtseinsmäßig und im Vollzug aus einer ehedem zentralen Stellung ungewollt an den Rand jugendpastoralen Bemühens abgedrängt: nicht nur, daß der Priester nicht mehr so sehr wie früher der geistliche Begleiter in Lebens- und Glaubensfragen, der Beichtpriester und »Seelenführer« für den einzelnen Gruppenleiter ist, auch in Leiterrunden und Gruppenstunden sind Themen und Perspektiven christlichen Glaubens nicht mehr selbstverständlich. Die Gründe dafür dürften u. a. sein: ein überstark partnerschaftliches Verhältnis zwischen Priester und Gruppenleiter bzw. -mitgliedern; der Eindruck, bei »Glaubensstunden« handle es sich um fortgeführten Religionsunterricht; das programmierte »Lebendige Evangelium« in der Leiterrunde wirkt zu wenig spontan; Planung und Organisation der Jugendarbeit lassen keine Zeit für das »geistliche Gespräch«; die Verbindung von Glaubens- und Lebensfragen gelingt nicht; die Fragen nach Kirche und Glauben sind verschüttet durch materielle Interessen; die Gruppenleiter halten sich für das Glaubensgespräch nicht für zuständig; die Meinung, Kirchlichkeit und Glaube gehörten in den »privaten« Bereich, der den anderen nichts angeht; fehlende Überzeugungskraft angesichts verunsicherter Praxis in Kirche und Theologie; Meinungspluralismus, der Überzeugung relativiert; nur lose Gruppenstrukturen, welche Unverbindlichkeit und Oberflächlichkeit bewirken.

Wer die religiöse und kirchliche Situation der jungen Erwachsenen heute näher betrachtet, bemerkt einen eigenartigen Zwiespalt. Zum einen ist ein verstärktes Interesse vorhanden für das religiöse Gespräch, für Treffen mit anderen suchenden und ringenden Jugendlichen, wie die Katholikentage in Freiburg 1978 und Berlin 1980 gezeigt haben. Wer dies jedoch vorschnell als zunehmende Kirchlichkeit deuten wollte, täuscht sich. Noch 1967 sind mehr als 50 Prozent der 16- bis 25jährigen regelmäßig zum Sonntagsgottesdienst gekommen, 1978 waren es 18 Prozent. Während in der Synodenumfrage eine große Gruppe Jugendlicher als sog. »Ritualisten« auftauchte, dezimiert sich in den letzten Jahren diese Kategorie schlagartig. Und neben einer äußeren Entfremdung junger Menschen zur Kirche steht häufig eine innere. Probleme und Themen innerkirchlicher Diskussion berühren

[1] Erweiterte Fassung eines Beitrags in: Caritas '80. Freiburg 1980, 203–207.

junge Erwachsene nicht bloß nicht mehr, sie kennen diese auch inhaltlich nicht. Dem Zusammenschmelzen von Glaubenssubstanz entspricht auch das Verdunsten von Glaubenswissen: »Es ist schlicht Ignoranz über den christlichen Glauben ... konkrete Kenntnisse über Kirche, Glaube, christliche Lebensvollzüge sind zuweilen eher dem Fernsehen oder den Illustrierten als dem Katechismus entnommen«[2]. Die Krise des Religionsunterrichts in Theorie und Praxis im vergangenen Jahrzehnt wird auch darin erschrekkend deutlich. Dazu kommt: die von der Kirche geforderten Normen der Lebensführung werden als mögliche Orientierungen vielfach gar nicht mehr ernst genommen, geschweige denn angenommen.

Glaubenskommunikation als Antwort

Eine zunehmende radikale Infragestellung von Glaube und Kirche – gewiß. Aber eben darum tut eine radikale Besinnung auf das Zentrum des christlichen Glaubens not und auf zentrale Formen der Vermittlung – das Glaubensgespräch gehört zu ihnen. Wenn wir darin ausweichen, versäumen wir es, »jungen Menschen den radikalen Lebensstil des Evangeliums so zu verdeutlichen, daß darin eine Alternative sichtbar wird« (*K. Hemmerle*). So wichtig kirchliche Jugendarbeit als »soziales Lernen«[3] ist, ihr spezifisches Kriterium ist und bleibt »Dienst am Leben aus dem Glauben an Jesus Christus«[4]. Wenn diese Mitte als Motivation, aber auch als thematischer Inhalt nicht zum Tragen kommt, verfehlen wir unseren Auftrag. Deshalb sollte in unseren Gruppen und Leiterrunden, in Zweiergesprächen und Beratungshilfen das Glaubensgespräch wieder einen zentralen Ort erhalten. Dabei geht es nicht einfach um deduktive Verkündigung oder Katechese, sondern um eine diakonische Hilfe zum Mensch- und Christwerden von jungen Erwachsenen. Die Auseinandersetzung im Gespräch, das Befragen-Können und Miteinander-Ringen haben gerade aus christlicher Sicht einen wichtigen Stellenwert. Nicht jene Radikalität, welche die Jugendsekten proklamieren, verhilft zum echten Glauben, sondern das Erleben von Personen und Gemeinschaften, die »bereit sind, jedem Rede und Antwort zu stehen, der nach der Hoffnung fragt, die uns erfüllt« (1 Petr. 3, 15).
Um diesen wechselseitigen Austausch geht es also im Glaubensgespräch, um ein gemeinsames Suchen und Fragen. »Glaubenskommunikation«

[2] *R. Bleistein,* Jugend in neuer Begegnung mit der Kirche, in: Kirchenzeitung für das Bistum Eichstätt 49 (1979) Nr. 2, S. 20.

[3] Vgl. *H. Steinkamp,* Jugendarbeit als soziales Lernen. Ziele und Aufgaben kirchlicher Jugendarbeit. München – Mainz 1977.

[4] Vgl. die Zielvorstellungen des Synodenbeschlusses »Ziele und Aufgabe kirchlicher Jugendarbeit«, in: Gemeinsame Synode. Offizielle Gesamtausgabe I (Freiburg – Basel – Wien 1976) 289–311.

nennt *A. Exeler* diesen Vorgang. Denn »der Glaube, um den es geht, wird nicht in erster Linie durch Worte vermittelt ... Glauben im neutestamentlichen Sinn bedeutet, in Kommunikation mit anderen Glaubenden und in der Perspektive Jesu zu existieren«[5]. Das Gespräch allein genügt also nicht, schon gar nicht die unverbindliche Diskussion »über«. Zur verbalen Interaktion müssen non-verbale Formen kommen, neben dem rationalen Diskurs muß das gemeinsame Erleben von gefeiertem Glauben stehen, von Gebet und Meditation, nicht zu vergessen auch die gemeinsame Aktion. Ohne diese Zuordnung und Einbindung bleibt das Gespräch fruchtlos und ohne Konsequenzen.
Die inhaltliche Information »über« Glauben muß zudem umfangen sein von der Bezeugung des eigenen Glaubens, es geht um ein Gespräch »vom« Glauben: der »Daß-Glaube« des Christen ist ja umgriffen vom »Du-Glauben«. Und das Glaubensgespräch muß beides zum Inhalt haben: Information über Glauben und Mit-Teilung von Glauben. Das bedeutet für Priester und Gruppenleiter: wir müssen bereit werden, auch über unsere persönlichen Glaubenserfahrungen zu sprechen, unsere Einstellung deutlich zu machen, ohne aufdringlich zu wirken. Noch wichtiger freilich wäre, die jungen Menschen zu ermutigen und zu befähigen, verbal und non-verbal ihre Lebens- und Glaubenserfahrungen zum Ausdruck zu bringen und diese mit ihnen durchzuarbeiten.

Ebenen der Glaubenskommunikation

Zwei Beziehungsebenen sind dabei fundamental: die Beziehung des jungen Erwachsenen zu einzelnen Personen mit »Sach- und Erfahrungskompetenz« und die Beziehung zur Gruppe als Einübungsfeld von Leben und Glauben. Die Erwartung des Jugendlichen gegenüber dem Erwachsenen geht nicht so sehr auf ein intaktes, nicht hinterfragbares Vorbild als vielmehr auf den glaubwürdigen »Begleiter«, der zuhörend und ratend seinen Weg mitgeht. Für das Glaubensgespräch bedeutet dies: zuhören, verstehen, einfühlen, Ängste abbauen, ermutigen, trösten und – Lösungsmöglichkeiten aufzeigen, ohne zu bevormunden oder gar zu vereinnahmen. Im Gespräch wird ein gemeinsamer Weg zurückgelegt, dessen Schritte heißen: Aussprechenlassen und Zuhören, Verdeutlichen der Probleme und der in ihnen enthaltenen Gefühle, Konfrontation mit dem Anspruch des Glaubens und dem Weg Jesu, gemeinsame Überlegungen, wie sich im praktischen Leben dies verwirklichen läßt.
Dabei spielt nun auch die Gruppe eine entscheidende Rolle. Leben und

[5] *A. Exeler*, Neue Ansätze der Glaubensbildung in der Jugendarbeit, in: KatBl 102 (1977) 111–119.

Glauben sind ja auf Gemeinschaft verwiesen. Nicht nur, daß eine Gruppe für den einzelnen die Möglichkeit bietet, sich mit verschiedenen zu identifizieren; Glaube braucht, um lebendig zu sein, eine »Kommunikation auf Dauer«. Wie jede andere Lebensweise ist auch der Glaube kein »fester Besitz«. Er braucht die Vergewisserung bei anderen und durch andere, vor allem aber die Möglichkeit des Austausches angesichts der vielfältigen Herausforderungen des Lebens und fremder Lebensweisen. Austausch und Vergewisserung des Glaubens aber werden ermöglicht in der kleinen Gruppe. Hier sollte die Erfahrung möglich sein: »In dieser Gruppe kann ich offen und ehrlich über meinen Glauben, über mein Leben, über meine Hoffnungen und Enttäuschungen sprechen.« Daraus ergibt sich die Erfahrung, was Kirche bedeutet und Gemeinschaft des Glaubens – eine Erfahrung, welche das System der Großkirche oder die Realität der Ortsgemeinde für junge Menschen zu wenig oder nicht ermöglichen.

Schritte unterwegs zur Glaubenskommunikation

Wenn es uns in kirchlicher Jugendarbeit also darum geht, »Räume und Lernfelder zu schaffen zu versuchen, in denen junge Menschen, junge Christen, Leben zu erfahren, zu verstehen und zu gestalten lernen«[6], und dies nicht als bloße Objekte pastoralen Handelns, sondern in eigener Verantwortung, dann sind die zentralen Bezugspunkte solchen Bemühens das unmittelbare Leben der jungen Erwachsenen, die Botschaft von Jesus Christus und die Gemeinschaft gelebten Glaubens.
Es geht dabei um die gegenseitige Erschließung von Glaube und Erfahrung, von biblischem Glaubenszeugnis und heutigen Lebensproblemen, von Sinnsuche und Sinnantwort für den einzelnen und die Gruppe Gleichgesinnter. Aus dem Durcharbeiten von Erfahrung und Glaube in Reflexion, Aktion und Passion sollen das Leben tragende Glaubenserfahrungen erwachsen können: Schritte der Nachfolge des Weges Jesu.
Von Erfahrung im Leben eines Menschen können wir nur da sprechen, wo sich ihm eine Wirklichkeit neu und tief erschließt und dies so, daß daraus praktisch gelebte Überzeugung wird[7]. Sie ist also individuell, konkret, ablesbar am Verhalten eines Menschen. Erst durch die Mitteilung, den Austausch von Erfahrungen, stellen wir Gemeinsamkeiten und Unterschiede zwischen eigener und fremder Erfahrung fest. Diese Kommunikation über Lebenserfahrungen, den darin festgestellten Sinn oder Unsinn, gehört zum »Erfahrung-Machen« ganz wesentlich. Weiter stellen wir in der Erfahrung

[6] Gemeinsame Synode ... OG I, 289.
[7] Vgl. dazu die Ausführungen von *E. Feifel,* in: Handbuch der Religionspädagogik I (1973) 88–106, sowie in: *K. Baumgartner,* Erfahrungen mit dem Bußsakrament I, München 1978, 391–416.

aktive und passive Elemente fest: Wir müssen uns anstrengen, um Erfahrungen zu machen, und zugleich widerfährt uns etwas »am eigenen Leib«, wir machen gezwungenerweise leidvolle, bittere Erfahrungen – oft ohne unser Zutun, oft gegen unseren Willen.

Erfahrung ist nicht gleich Erfahrung. Es gibt *Alltagserfahrungen,* die uns selbstverständlich scheinen, die nicht weiter reflektiert werden. Von »*experimenteller Erfahrung*« sprechen wir, wenn die Erfahrungen bewußt, gezielt angestrebt werden und die Bedingungen vorher festgelegt werden (z.B. Erstkommunion vor der Beichte »ad experimentum«). Und schließlich gibt es *menschliche Grunderfahrungen* wie Liebe, Glück, Leid, Freiheit, Hoffnung, Schuld, Einsamkeit, Endlichkeit, Sterblichkeit. Solche Erfahrungen sind in sich auf eine wertende und handlungsbezogene Beurteilung angelegt. Sie haben den Charakter der transzendentalen Verweisung: sie machen aufmerksam auf »Dahinterliegendes«, auf die Überschreitung vorhandener Wirklichkeit.

Jegliche Art von Erfahrung aber ist rückgebunden und eingebettet in einen sozialen Entstehungszusammenhang: sie ist gesellschaftlich, sozial bedingt (vgl. die religiöse Sozialisationsgeschichte jedes Menschen). Dies sich bewußt zu machen ist auch für kirchliche Jugendarbeit und die Pastoral überhaupt von großer Bedeutung: es gibt immer nur Jugendliche, die von ihrer persönlichen, sozial geformten und zeitgeschichtlich-gesellschaftlichen Lebensgeschichte in ihren Erfahrungen geprägt sind. Deshalb ist nur der wirklich »erfahren«, der seine Erfahrungen nicht absolut setzt und nicht für uneinholbar hält. Er muß *seine* Erfahrungen ernst nehmen und zugleich offen und bereit sein dazuzulernen. Offenheit und Kritikfähigkeit gehören zur Erfahrungskompetenz.

Erfahrungen heben schließlich auf Mitteilung an andere ab: in Sprachbildern, Symbolen und Erzählungen verdichten sie sich – denken wir nur an die Heiligen Schriften, welche als Glaubensverdichtungen der Verkündigung und dem Zeugnis dienen: Erfahrene werden zu Zeugen ihrer Erfahrung. Erfahrung wächst in Sprache und mit Sprache.

All diese kurz angedeuteten Momente sind wichtig, wenn wir von *Glaubenserfahrung* sprechen. Damit wird auch deutlich, daß religiöse Erlebnisse allein noch keine Glaubenserfahrung sind (z.B. religiös eindrucksvolle Feiern der »Erlebnispädagogik« oder emotional hochbesetzte religiöse Besinnungstage): das Gemüt wird momentan bewegt, doch eine Verhaltensregelung auf Dauer wird nicht erreicht (»Strohfeuer der Begeisterung» – Glaube muß sich bewähren »wie Gold im Feuer«).

Als religiöse Erfahrung im weiteren Sinn können wir das Bemühen des Menschen bezeichnen, im Umgang mit der Wirklichkeit den transzendenten Grund zu gewinnen: Woher komme ich? Wohin geht mein Leben? Ich weiß mich verantwortlich einem Größeren gegenüber, dem Sinngrund meines Lebens und der Welt. In diesem Verständnis sind viele junge Erwach-

sene »religiös«: sie suchen nach Lebenssinn, sie fühlen sich verantwortlich, sie handeln in Verpflichtung vor dem oder vor etwas Höherem (allerdings erfahren wir in unseren Tagen in zunehmendem Maße, wie solche Sinnsuche mißlingt: Jugendalkoholismus, Drogenszene, Suizid, Kriminalität).
Der *erste Schritt* jugendpastoralen Bemühens gilt deshalb dem Offenhalten der Sinnfrage und dem Gespräch über die Erfahrungen der Alltagswelt. »Solange der Mensch überhaupt Fragen stellt, ist die Frage nach dem Sinn des Lebens nicht erloschen ... Wenn wir erkennen lassen, daß auch wir Suchende sind, daß wir nicht für jede Frage eine perfekte Antwort haben, aber doch einen ›inneren‹ Halt besitzen aus einem beglückenden Sinn heraus, dann kann sich auch den Entfremdeten erschließen ..., daß unser Glaube erfahrbarer Lebenswert ist.«[8]
Deshalb hebt der Synodenbeschluß zur kirchlichen Jugendarbeit so stark ab auf die Durcharbeitung von vorder- oder hintergründigen Fragen und Bedürfnissen der Jugendlichen: von Alltagserfahrungen und Grunderfahrungen. An anderer Stelle heißt es in der Synode: »Der Herr selbst hat den Hirten in Galiläa und den Fischern am See die Frohe Botschaft ... verkündet, da seine Rede in Sprache und Bild Grunderfahrungen der Menschen einfängt.«[9]
Orte der Kommunikation über diese Alltags- und Grunderfahrungen sind die Gruppe und die Leiterrunde. In diesen Gemeinschaften müßte nun ein weiterer Schritt auf Glaubenserfahrung hin gemacht werden: »Erfahrungen wie diese müßten ermöglicht und durchgearbeitet werden: daß man nicht allein ist, daß man etwas wert ist, daß man Vertrauen schenken darf, daß es gerecht zugeht, daß man in der Not Hilfe finden kann, daß man frohe Feste feiern kann.«[10]
Anders gesagt: es geht darum, Modelle gelingenden Lebens zu schaffen, Inseln des Lebens, »wo man sich wohlfühlen kann und etwas tun kann dazu«. Die Ermöglichung und die bewußte Reflexion solcher »qualifizierter Erfahrungen« stellt einen wichtigen diakonischen Beitrag für die Jugend dar, das Modell eines neuen Miteinander und Füreinander.
Wenn wir nun nach dem Grund und Motiv solchen Verhaltens fragen, kommt die Botschaft des Evangeliums ins Spiel: Jesus begegnet den Menschen in neuer Weise, er durchbricht überkommene Verhaltensklischees, er lebt ein neues Miteinander und Füreinander. Und zwar: aus der Kraft der Verbindung mit Gott, seinem Vater.
Unsere pastorale Aufgabe heißt: »Dem jungen Menschen zu dienen, indem wir ihm helfen, sich in einer Weise selbst zu verwirklichen, die an Jesus Christus Maß nimmt. Darin unterscheidet sich kirchliche Jugendarbeit von

[8] Gemeinsame Synode (Kirche und Arbeiterschaft) OG I, 352.
[9] Ebd. 352.
[10] Ebd. 359.

jeder anderen Jugendarbeit.«[11] Das heißt letztlich: Ermöglichen (nicht Bewirken!) von Glaubenserfahrung in der Gemeinschaft der an Christus Glaubenden.
Eine Weise der Erfahrung soll noch eigens angesprochen werden: die »experimentelle Erfahrung«. Gerade sie »liegt« dem jungen Erwachsenen ganz besonders: als Erproben von neuen Möglichkeiten, von »Unmöglichem«, »Unvorstellbarem«. Er will nicht einfach schon Feststehendes, von anderen »Erprobtes«, »Bewährtes« übernehmen, sondern selbst Erfahrungen machen: experimentieren; d.h. Erfahrungen utopisch antizipieren (neue Modelle des Zusammenlebens, der Kultur, von Musik, Kleidung oder Sprache). Solche schöpferischen Experimente müssen wir in der Jugendarbeit ermöglichen und fördern, auch wenn sie oft ein Wagnis sind: in der Liturgie, im Zusammenleben, in gesellschaftlichen Postulaten, in Aktionen. »Kirchliche Jugendarbeit muß Aufgaben stellen, die der Einübung des Lebens in Gemeinschaft dienen. Sie muß den nötigen Spielraum gewähren, in dem verantwortliche Freiheit sich betätigen kann.«[12]

Glaubenskommunikation im Gesamt der Pastoral

Glaubenserfahrung ist Gotteserfahrung: Ich erlebe mich als angesprochen, mir begegnet Gott als Rufender – ich antworte und lebe in Verantwortung. Solche »Erfahrungskompetenz« im Glauben bedarf eines langen Wachstumsprozesses, der Unsicherheit, Enttäuschungen, dunkle Wegstrecken miteinschließt – auch dies müssen wir den jungen Erwachsenen verdeutlichen (Glaubenszweifel; zeitweilige Distanz von kirchlicher Praxis bei grundsätzlicher Offenheit und der Bereitschaft, nichts endgültig »über Bord zu werfen«).
Entscheidend aber ist in diesem Wachstumsprozeß des Glaubens, »daß die Botschaft Jesu den Jugendlichen in glaubwürdigen Menschen begegnet – in Gleichaltrigen ebenso wie in Erwachsenen, Priestern und hauptamtlichen Mitarbeitern, die den in kritischer Distanz stehenden, fragenden und suchenden Jugendlichen den Zugang zu Glauben und Kirche möglich machen«[13]. Es geht dabei um ein »gemeinsames Erfahrungslernen im Glauben«.
Das Thema »Glaubenskommunikation« ist also keine modische Spielerei der (Jugend-)Pastoral. Es geht dabei um theologisch und kirchlich fundamentale Vollzüge: »Christlicher Glaube ist auf die zwischenmenschliche Kommunikation angewiesen, und zwar so fundamental, daß zwischenmenschliche Kommunikation als Glaubenskonsenserfahrung selbst zum

[11] Synodenbeschluß »Kirchliche Jugendarbeit«, OG I, 295.
[12] Ebd. 297.
[13] Ebd. 299.

Ort des Glaubens wird ...«[14] Wer jungen Christen diese Erfahrung ermöglicht, leistet einen entscheidenden Beitrag für die Kirche der Zukunft, für eine aktive, verantwortungsbewußte Glaubensgemeinschaft. Und wer als Priester oder kirchlicher Mitarbeiter sich in diese Kommunikation einbringt, wird für seine eigene Glaubensgestalt und seine pastorale Arbeit viele wertvolle Impulse erhalten.

3. Pastorale Hinweise zum Glaubensgespräch mit jungen Erwachsenen

(Konrad Baumgartner)

Echte und falsche Grundhaltungen

Mehr als auf alles »know how« über Formen und Methoden des Glaubensgesprächs mit jungen Erwachsenen kommt es auf die *Grundhaltung des Seelsorgers* dabei an. In dem Vortrag eines 67jährigen Pfarrers habe ich die für mich aussagekräftigste Beschreibung dazu gefunden: »Die Jugendlichen schätzen den Pfarrer als Gesprächspartner, wenn sie spüren, daß er offen ist für ihre Probleme, zuhören kann, Geduld und Gelassenheit zeigt. Die Erfahrung sagt mir: In jungen Jahren war ich leicht ungeduldig und mutlos, wenn sich etwas als nicht machbar erwies, konnte Mißerfolge nicht verdauen, konnte nicht warten. Der ältere Priester versteht leichter, daß hier ein anderes Gesetz waltet, nicht des Machens, sondern des Wachsenlassens. Das Gleichnis von der selbstwachsenden Saat ist da eine wichtige Botschaft: Christus wirkt das Wachsen durch seinen Heiligen Geist. Im Alter sehe ich es deutlicher. Und so wirft es mich nicht mehr um, wenn in der Jugendarbeit mal plötzlich wieder alles umkippt. Da fängt man getrost wieder neu von vorne an, so wie Gott das mit uns ja auch tut. Wie die heranwachsende Saat ist auch Jugend noch unfertig, auch im Glaubensleben. Und sie hat ein Recht darauf, noch unfertig und noch auf dem Wege zu sein. Der junge Mensch muß neu ›seinen Glauben‹ finden. Dazu braucht er Zeit, dazu braucht er unser Wartenkönnen in geduldiger Liebe. Seelsorge hat es nie mit fertigen Christen zu tun, ist also immer eine Art Missionsarbeit. Das wird in der Jugendseelsorge besonders deutlich. Daher haben wir der Ju-

[14] *W. Rieß,* Glaube als Konsens. Über die Pluralität im Glauben. München 1979, 225f.

gend auf dem Wege zu Christus und zur Kirche nicht Richter und Verurteiler zu sein, sondern Helfer und Wegbereiter.«[1]
Eine falsch verstandene und praktizierte missionarische Verpflichtung läßt allerdings religiöse Gespräche mit Seelsorgern für junge Menschen schnell uninteressant werden: »wenn die Diskussion zwischen Jugendlichen und einem Priester, Theologen oder anderen Christen darauf hinausläuft, daß die Erwachsenen im Grunde gar nicht diskutieren, weil sie in keiner Weise von ihrer Meinung abrücken werden; wenn ein Gespräch so verläuft, daß Erwachsene die ›heilige‹ Theologie unverrückt vertreten und sich als ›Hüter der Wahrheit‹ verstehen, der Papst selbst sein wollen, dann sollte man ein Gespräch erst gar nicht beginnen.«[2] Immer wieder hört man bei jungen Christen: Mit *dem* Priester zu reden, ist sinnlos. Der hat ja doch auf alles eine fertige Antwort. Mit Recht wird der Seelsorger zu bedenken geben: aber ich muß doch meine Überzeugung vertreten, die Botschaft zur Sprache bringen und den Anspruch der Kirche! Und doch ist es etwas anderes, *wie* und *wann* ich diese Überzeugung einbringe. Nicht aus taktischen Gründen, sondern aus Achtung vor dem Gesprächspartner kommt es zuerst darauf an, daß der Seelsorger zuhört, daß er sich einfühlt, den anderen zu verstehen sucht, daß er nicht sofort mit einem Urteil, einem »guten Rat« oder gar mit einer negativen Bewertung zur Hand ist. Das dem Seelsorger anerzogene »Über-Ich« der steten Unfehlbarkeit und persönlichen Vorbildverpflichtung, zusammen mit der moralischen »Zuständigkeit« für und der Betroffenheit von jedem Tun und Lassen der Gemeindeglieder (als Angriff auf die persönliche Verantwortung!) kann eine enorme Blockade darstellen für ein echtes religiöses Gespräch. Das heißt nicht, daß der Seelsorger als Mensch und Christ nicht glaubwürdig sein müßte. Im Gegenteil: »Junge Menschen sind sehr sensibel dafür, ob jemand auch das lebt, was er glaubt und als richtig in der Diskussion darstellt. Dabei erwarten Jugendliche keine Heiligen. Zum Teil sind ihnen Menschen viel sympathischer, die Fehler und Schwächen eingestehen und sich als sündige Menschen bekennen.«[3]
Soll das Glaubensgespräch mit jungen Christen zustande kommen und für beide Seiten fruchtbar werden, ist echte Hörbereitschaft nötig, ehrliche und tiefe Fragebereitschaft, einschließlich der Bereitschaft, sich und seine Meinung in Frage stellen zu lassen. Religiöse Offenheit und klare theologische Kenntnisse sind dabei keine Gegensätze.

[1] *Josef Dalkmann* bei einer Jugendseelsorgekonferenz des Erzbistums Paderborn in Hardehausen, zitiert nach einem Manuskript von *K. Wuchterl,* Jugend und Kirche. Düsseldorf 1979.
[2] *J. Schilling,* Kirchliche Jugendarbeit in der Gemeinde. München 1979, 112.
[3] Ebd. 113.

In dieser Gesprächshaltung werden *informelle* und *formelle religiöse Gespräche* möglich: Gespräche, die sich spontan ergeben im Religionsunterricht, an der Theke, im Club, auf der Straße oder bei einer Jugendfreizeit; formelle Gesprächsrunden, die geplant, vereinbart und vorbereitet sind. Gerade für letztere gibt es eine Vielfalt von *Interaktionsformen.* Diese können helfen, in der Glaubenskommunikation über nur verbale Äußerungen hinauszukommen: die Meditation von Bildern, Texten, Liedern, von Personen und Gegenständen; audiovisuelle Medien; das Schriftgespräch; die Metapher-Meditation; die Révision de vie; Jugendwallfahrten; die Vorbereitung und Durchführung von Jugendkreuzweg, Bußfeier und Gruppeneucharistie oder auch das Predigt(nach)-gespräch; Kurzformeln des Glaubens durcharbeiten; die eigene Glaubenslinie zeichnen; die persönliche religiöse Biographie notieren und durchsprechen; »Erfahrungen mit ...« (Kirche, Ortsgemeinde, Christsein, Eucharistie, Bußsakrament, Religionsunterricht) benennen; persönlich bedeutende Bibelstellen suchen (»mein Schriftwort«). Angesichts der religiösen Sprachnot und der geringen Abstraktionsfähigkeit gerade von Jugendlichen aus sozialen Mittel- und Unterschichten sind konkrete, bildhafte Methoden zusätzlich notwendig. Die Variation belebt überdies die verschiedenen Fähigkeiten und Interessen.

Gespräch – Erleben – Feiern

Zum Gespräch *über* Religion und Glaube muß das gemeinsame Erleben *von* gefeiertem Glauben kommen, das persönliche und gemeinschaftliche Gebet und – die Feier der Eucharistie als Mitte des christlichen Lebens, wobei dieses Ziel nicht einfach der Hintergedanke des Gesprächskreises sein darf: »das religiöse Gespräch und der religiöse Gesprächskreis haben einen eigenen Wert.«[4] Ihre Bedeutung liegt in der Information über Glauben, mehr noch in der Mit-teilung von Glauben, im Aussprechen und Mitteilen von Erfahrungen, Erwartungen, Sehnsüchten und Enttäuschungen des Lebens, die im Licht des Evangeliums gedeutet werden.

[4] *Schilling,* a. a. O. 120.

4. Literaturhinweise (in Auswahl)

E. Arnholdt u. a., Glaubenserfahrung und Glaubensgespräch in der Gemeinde, in: Lebendige Seelsorge 30 (1979) 354–357.
K. Baumgartner, Religiöse Defizite und Chancen in der derzeitigen Jugendarbeit, in: Kat Bl 106 (1981) 470–476.
R. Bleistein, Die Jugend von heute und der Glaube von morgen. Würzburg 1970.
W. Böcker/K. Wuchterl, Ansätze für eine neue Spiritualität in der kirchlichen Jugendarbeit und für die Aufgabe des Glaubensbegleiters, in: Kat Bl 105 (1980) 689–693.
G. Boß, Das Glaubensgespräch mit jungen Menschen. 2 Bände. Altenberg² 1964.
K. Bußmann, Glaubenserfahrung in der Gruppe. München 1976.
V. B. Ganter, Jugendarbeit in der Pfarrgemeinde. Meitingen 1977.
Glaubensverkündigung in der kirchlichen Jugendarbeit. Hgg. v. Bischöflichen Generalvikariat Münster. München 1978.
E. Groß, Akzente moderner Jugendpastoral. Schülerseelsorge und Schülergottesdienst. Kevelaer 1976.
W. Hübinger, Der Jugend eine Chance. Aspekte kirchlicher Jugendarbeit. Limburg 1981.
J. Renker (Hrsg.), Unsere Jugend und ihre Glaubensschwierigkeiten. München – Luzern 1977.
J. Schilling, Kirchliche Jugendarbeit in der Gemeinde. München 1979.
L. Zinke (Hrsg.), Religionen am Rande der Gesellschaft. Jugend im Sog neuer Heilsversprechungen, München 1977.

Anschriften von Herausgeber und Mitarbeitern

Dr. Konrad Baumgartner, Universitätsprofessor,
Gewald 1 a, 8411 Lappersdorf

Karl-Heinz Beichert, Pfarrer,
Königstädterstraße 22, 6090 Rüsselsheim

Martin Benkert, Pastoralreferent,
Cosimastraße 204, 8000 München 81

Dr. Josef Mayer-Scheu, Klinikpfarrer,
Blumenstraße 23, 6900 Heidelberg

Joseph Pfeiffer, Generalvikar,
Domplatz 9, 8078 Eichstätt

Pius Schmidt, Subregens,
Leonrodplatz 3, 8078 Eichstätt

P. Josef Tasch OFM, Dozent,
Westernstraße 27, 4790 Paderborn